IDEAS DEMOCRÁTICAS PARA LA REPÚBLICA.
"Un ciudadano propone a la Nación"

EDGAR ANGULO ALBORNOZ

Inscrito por ante el Servicio de Derechos de Autor de la Propiedad Intelectual bajo el registro 8013, de fecha 23/04/2010, inscripción 015487. Venezuela

Edgar Angulo Albornoz es abogado en ejercicio en Venezuela, graduado en la Universidad de los Andes de Mérida, en 1986, profesor del Instituto Universitario de Tecnología Alberto Adriani en la ciudad de Caracas.

Está convencido que en Venezuela alcanzaremos nuevamente la democracia y la libertad, pero para ello, los venezolanos tenemos que transformar nuestros espíritus y convertirnos en ciudadanos imbuidos de valores y principios éticos, morales y espirituales iniciando el cambio desde adentro de cada persona e irradiarlo hacía la sociedad, levantando el ánimo y la dignidad del pueblo venezolano y aportando ideas innovadoras que refresquen el aire político y social, para restaurar la nación y emprender el camino hacia la libertad, con ética, con honestidad y eficiencia.

Las ideas de esta obra se pueden aplicar a cualquiera de los países latinoamericanos, pues en general en toda el área existen los mismos problemas y la misma carencia de un liderazgo auténtico.

"El Dios Eterno me ha dicho, que él es impresionante, grandioso e inesperado y nada está fuera de su poder, que el Mundo y su historia están escritos y dirigidos con detalle por su mano derecha y con su izquierda, han sido hechos los detalles preciosos"

Por tanto, Dios es grandemente poderoso y es ambidextro perfectamente.

Dedicatoria:

A mi esposa Martha Isabel González por su comprensión y amor en tiempos difíciles

A mis hijos, Iván y Augusto para que sean mejores y más constructivos que el autor de estas líneas. Y especialmente a Diego quien me aportó excelentes observaciones para esta obra. Gracias hijos.

A Sabrina una hija que me dio mi Dios.

A mi hermano Ernesto Angulo, hombre de excelente humor.

A todos los héroes anónimos que han luchado por la democracia desde 1999.

A la juventud venezolana y de la América toda, para que reflexiones como las que están enmarcadas en el presente libro, les sean de ayuda y de inspiración para construir mejores sociedades.

A mis hermanos espirituales Arturo Sánchez, hombre sabio, y Zobeida Aguilar, mujer de profunda fe.

A la Pastora Carmen Elena Díaz, quien me animo a seguir escribiendo estas líneas. Mujer creyente e instrumento de Dios en Venezuela.

Al Comunicador Social Lic. José Ríos Lugo, excelente amigo, quien revisó cada línea de este libro.

Al Dr. Gene Belgrave, hombre sabio, gran demócrata y excelente ciudadano, que leyó el borrador de la presente obra y me animó a seguir escribiendo.

Al Psicólogo Carlos Subero, que me ayudo a esclarecer

muchas de las ideas de este manuscrito.

PRÓLOGO

Los hijos de Venezuela debemos llenarnos de valentía y de amor por nuestro suelo patrio, y no darnos por vencido. Es necesario, que cada venezolano se ponga de pie, llene sus pulmones y sus corazones de profunda pasión por la Patria, para resistir los embates de la ignorancia y de la decadencia que ha querido destruirnos a todos, hasta que logremos aprender a triunfar, alcanzando una sociedad de libertad, de progreso y de prosperidad.

Como padre de familia y ciudadano me atrevo a presentar a todos mis conciudadanos algunas ideas y propuestas para tratar de reconquistar la democracia y dotarla de instituciones sanas y eficientes.

Nuestro hogar es Venezuela, no podemos permitir que otros nos roben la iniciativa una y otra vez, somos lo suficientemente inteligentes y talentosos para retomar con grandeza histórica la independencia de Venezuela.

En las líneas de esta obra hago algunas proposiciones para hacer renacer una democracia que pareciera haber muerto, tomo prestada valiosas ideas de otros venezolanos y me declaro plenamente optimista que alcanzaremos nuevamente la república genuina que todos aspiramos, pues los ciudadanos libres y demócratas, nunca nos vamos a dar por vencidos y con decidida fe restauraremos con la bendición del Altísimo, nuestra libertad, pues la democracia vive y vivirá mientras tengamos una nación a la cual amar y defender.

Algunos pensarán que son ilusas y utópicas estas palabras, pero es preferible soñar con un hermoso país, que resignarse a perder la amada patria que nuestros libertadores nos legaron.

Sería cobarde y antipatriótico no luchar a brazo partido por darle a nuestra Venezuela y a todo el pueblo venezolano, el destino que todos nos merecemos. Pero, gracias a nuestro hermoso Dios, los venezolanos siempre hemos demostrado que somos valientes y amamos de la libertad, tenemos sangre y herencia de libertadores, y como dice el refrán: "Los venezolanos somos del tamaño de la circunstancia que se nos presenta por delante" Nos transformaremos en grandes hombres y mujeres con inmenso espíritu patriótico y libertario y restauraremos a nuestra amada Venezuela.

Cada uno de nosotros tiene algo importante que aportar, una buena idea, un diferente punto de vista, un color diferente, una tonalidad compuesta del arco iris de la libertad. Nunca podremos acostumbrarnos los ciudadanos nacidos en una democracia, como la que se inició a partir de 1.958, que siempre fue imperfecta, pero perfectible, en la que se cometieron muchos errores, pero los líderes y el sistema ponderaban por encima de todo, el mantenimiento de la institucionalidad.

Nuestro reto es volver a conquistar una democracia alternativa, seria, honesta y responsable, mucho mejor que la antes teníamos. ¿Imposible? Nunca es imposible cuando un pueblo se propone alcanzar y cristalizar las mejores instituciones para su sociedad. La Biblia dice: "Para Dios nada es imposible", para nosotros, como pueblo, tampoco lo es, si nos decidimos con todas nuestras fuerzas, empeño y creatividad a lograrlo. Porque esa decisión, iría con las bendiciones de ese Dios que nos ama.

En las páginas de esta obra, me atrevo a plantear la utopía de una República compuesta y repleta de ciudadanos felices, educados, cultos y viviendo en paz en una sociedad que les llene todas sus expectativas de vida. De un sistema de gobierno dócil, alienado con la legalidad y sometido a ésta, sin que haya el riesgo de más "caballos locos de la historia" que se desboquen y rompan el hilo institucional.

Aspirar a la grandeza como pueblo, a vivir en una sociedad respetuosa y respetada, no son ilusiones ni utopías. Vivir en una democracia dirigida por estadistas eficientes y honestos, no es alucinación, es perfectamente alcanzable, si todos nos ponemos de acuerdo y lo metemos en nuestros corazones y en nuestros espíritus, ¡debemos lograr una Patria llena de libertades, que logre el progreso y la paz!

Los invito a leer no sólo esta obra, sino a poner en práctica, estas ideas, sus propias ideas y, ¡nunca rendirse!

Edgar Angulo

I

OBLIGACIÓN DE ERRADICAR LA POBREZA DE LA NACIÓN

Las grandes zonas humildes que rodean a las ciudades de la mayoría de los países latinoamericanos, se le ha negado el derecho a la belleza, a la paz, al desarrollo armónico y sostenido. Se les privó del progreso, del sentido de altruismo, de la felicidad y de la esperanza. Hoy los millones de latinoamericanos de las zonas humildes viven bajo la ley de la violencia, de la muerte y del miedo.

Nuestros barrios o favelas han estado marginados históracmente de planes coherentes e inteligentes de desarrollo y bienestar, y si los ha habido, se han diluido en los escritorios de los altos y medios funcionarios de los gobiernos, sin concretarse jamás. La definición de estos asentamientos se describe en Wikipedia, citando a la Institución "Programa Favela-barrio Río de Janeiro, de la siguiente manera: "Son asentamientos que carecen de derechos de propiedad, y constituyen aglomeraciones de viviendas de una calidad por debajo de la media. Sufren carencias de infraestructuras básicas, de servicios urbanos y también equipamientos sociales o están situadas en áreas geológicamente sensibles. En su búsqueda de una vivienda asequible los pobres de las ciudades se enfrentan de esta forma a un equilibrio entre la localización y los derechos de propiedad. Las favelas ofrecen la proximidad a los empleos, el comercio y los equipamientos urbanos"
Estas favelas o barrios se forman en el desorden urbano, con plena carencia de todo ordenamiento y planeación urbanística y los gobiernos populistas latinoamericanos en muchos casos han permitido el crecimiento de estas comunas para atraer el voto en tiempos de elecciones y asegurarse el poder, pero han descuid-

ado abismalmente estas comunidades y en ellas ha crecido la pobreza, la familia de estas zonas ha sido abandonada a su suerte, la niñez ha sido pasto seguro de la delincuencia, siendo reclutados a la fuerza para formar ejércitos enteros de delincuentes, pues esa niñez no ha tenido otra alternativa, o ser delincuentes, lanzarse a la calle a ser niños indigentes o luchar contra el poder malsano de cada sector para mantenerse sanos, enfrentándose a familias disgregadas y disfuncionales, o a comunidades indiferentes u hostiles y la dificultad de mantenerse íntegros en soledad y sin apoyo.

La erradicación de la pobreza, no es solo hacer carreteras, construir alcantarillas y cloacas, canchas deportivas y escuelas (que deberían hacerse por cientos de miles a nivel nacional), sino ir al fondo del alma y del corazón nacional, emprendiendo un plan profundo de recuperación del amor a la vida a la alegría, a la paz, a la limpieza, al ornato público y social y a la creación de riqueza social.

Es necesario sembrar nuevamente la concepción que podemos hacer una sociedad digna, respetuosa con sentido de prosperidad y confianza en el futuro, sin que ello implique estar en pie de guerra, contra algún imperio maligno de la ruina y de la pobreza material y espiritual.

Para cambiar el sentimiento de rabia y de desprecio a la vida que se ha apoderado de la sociedad latinoamericana, debemos comenzar por el espíritu social, renovándolo y limpiándolo de toda carga de odio, depresión y maldad; luego, sabiendo que estamos metidos en una profunda crisis social y moral y ponernos de acuerdo, para juntos salir del fondo. Es urgente que la sociedad venezolana y en general de toda Latinoamérica, tome el compromiso más serio de su historia para lograr estas metas y objetivos comunes.

En términos materiales y pragmáticos, es la sincera opinión de este autor, que hay que lograr tres metas primordiales, la primera, atender a la familia y a la niñez de los barrios y zonas humildes de nuestras regiones, para que reciban verdadera y real atención del Estado, para lograr la paz y la felicidad familiar en los hogares; la segunda, mejorar ostensiblemente el aspecto urbanístico de los sectores humildes, y la tercera, en desarrollar una economía en esas comunidades que les permita el progreso y la prosperidad.

Crear desarrollos urbanísticos aplicados a los sectores humildes, sustituyendo el rancho por la casa bien hecha; reubicando las de familias que viven en zonas de riesgos geográficos para sitios seguros y confiables. Es lo deseable e inteligente. Construyendo urbanizaciones con todos los servicios, modernas y cómodas viviendas. Desarrollando vías de penetración y todo lo necesario vialmente para que haya una excelente comunicación. Desplegando toda una política cultural y deportiva en esos sectores, dándole el debido espacio a las zonas verdes. En fin, llevando lo mejor del urbanismo a los barrios y a las zonas humildes de cada nación, Latinoamérica se constituiría en un subcontinente de progreso y prosperidad. Esto causaría grandes efectos tanto psicológicos como económicos en cada ciudadano. Cada hombre y cada mujer, cada familia se comenzarían a sentir más satisfechos de su entorno, de sus propios hogares, de sí mismos, e indudablemente esto va a redundar en darle una estabilidad emocional y moral a la familia de cada una de nuestras naciones.

En segundo lugar, al comenzar las construcciones de estas urbanizaciones, la economía de cada sector se comenzaría a mover y a beneficiar, pues muchos de los empleados, serían los vecinos de cada barrio, favela o zona beneficiada. Toda la población va a ser beneficiada notablemente y esto va a generar un progreso como nunca antes se ha logrado, si se implementara un plan nacional de rescate a la familia venezolana y latinoamericana, que trascienda lo político y lo electoral, que esté lleno de inteligencia y sabiduría, mediante el cual lo primero sea el amor hacía el pueblo y su bienestar.

En el corazón del barrio venezolano es donde debe penetrar el progreso, la prosperidad y la abundancia, para que fluya la sonrisa y la grandeza de una nación bien gobernada y mejor administrada, brindándole a los ciudadanos la oportunidad de progresar y superarse, pero sin divisiones ni bandos que nos separan

Cada gobierno y cada gobernante habla de la erradicación de la pobreza, pero en la realidad política, la mantienen porque la usan para sus fines de llegar al poder. No se crean condiciones de prosperidad en las zonas humildes, porque la pobreza es un negocio de los populistas latinoamericanos, éstos les ofrecen a los habitantes de nuestras naciones grandes promesas y no cumplen ninguna, les expresan mucho amor de la boca para afuera, pero los siguen dejando en sus ranchos y en barrios y sus favelas sin servicios básicos, sin dignos empleos, sin visión de futuro, ni progreso.

Para que las naciones de nuestro subcontinente Americano progresen y alcancen el nivel de desarrollo deseado, es necesario cambiar el paradigma populista para alcanzar la prosperidad y la riqueza social. Ha llegado el tiempo en que las mentes y los espíritus de cada latinoamericano se despierte y cambie su concepción de creencias de que ha sido condenado por la vida y el destino a ser pobre, para apropiarse de un nuevo pensamiento "la riqueza es una bendición dada por Dios" "Crear riqueza social hace progresar a la familia y a las naciones" "Cada uno de nosotros podemos ser ricos, prósperos, sobreabundantes y de esa forma le seremos más útiles a nuestras naciones, cumpliremos con más excelencia nuestros respectivos roles de ciudadanos, de padres de familias y seremos más útiles a la sociedad.

Aprendamos como sociedad a ser exitosos y realizadores de nuestras metas deseadas, no hay pecado en ello, al contrario, esto traerá mucha paz en nuestras familias y satisfacción personal en cada persona. El progreso, la prosperidad y el éxito no tienen nada que ver con ideologías políticas o filosóficas, sino con la felicidad y la paz que cada ser humano debe lograr para darse a sí mismo lo que se merece y darles a otros lo mejor de nosotros. Esto es lo que debe dar lugar al nacimiento de una nueva sociedad de progreso, prosperidad y libertad social.

La erradicación de la pobreza es un concepto muy amplio y complejo, que requiere del concurso, acuerdo y plena concentración de todas las fuerzas vivas de la nación. Apartando politiquerías y posiciones recalcitrantes, se debe hacer un esfuerzo lleno de amor verdadero por nuestro pueblo, con la mayor de las eficiencias, para hacer de las zonas marginales de la nación, lugares llenos de paz, belleza, armonía y buena convivencia. Esto no es sólo, desde el punto de vista urbano, sino fundamentalmente espiritual, moral y eminentemente social.

La autoestima de la sociedad venezolana necesita con carácter de urgencia ser levantada y liberada de la carga de la decadencia, del odio y la violencia, que han sido derramados sobre la nación en las últimas décadas. Estamos enfermos los venezolanos de tristeza, de rabia, llenos de divisionismo. Se nos ha endurecido el corazón y ya no nos importa si vivimos en pobreza, con tal que los demás, aquellos que creemos que adversan nuestra posición política (que es de lo único que se habla), también se hayan empobrecido. Es decir, nos sacamos un ojo para que, al vecino, que es de otro color político, le sean sacados los dos. Así, con toda seguridad, llevamos nuestra barca hacía los arrecifes para que se rompa y vaya al fondo del mar de la desaparición histórica.

La educación para el progreso, la moral y la ética para trabajar dentro de principios de valores, se hacen necesarios para que la sociedad venezolana vuelva a ser rescatada. Debe cesar definitivamente la verborrea política mediante la cual se promete el cielo comunista (que no existe), pues en realidad se nos ha hecho caer en lo profundo del abismo, y allí estamos pegados, en el barro de la historia.

Hay que emprender una transformación de la conciencia nacional, que implique extinguir el "alma y el corazón de pobreza" de los venezolanos. Desarrollar en cada sector el amor la vida, hacía las artes, hacía la belleza, hacía la limpieza y el ornato, el deseo de superación familiar e individual y el levantamiento de la auto estima hacía el logro.

El Estado nacional, en una naciente democracia, está obligado a fomentar y proteger todas aquellas acciones sociales, económicas enmarcadas dentro de la ley, que conlleven a la creación de riqueza.   La visión más urgente de nuestra sociedad es la disminución de la pobreza material, espiritual, social y moral de la nación, y esto debe comenzar por los sectores humildes, cambiando la dura realidad de la violencia y muerte, por la de la sana convivencia, la seguridad personal y la belleza de cada comunidad. Sólo así, podremos alcanzar niveles de felicidad, equidad, justicia y paz, que conlleven al desarrollo y progreso de nuestra sociedad.

A dos décadas de haber comenzado el siglo XXI, la nación venezolana debe reasumir la obligación de superar los complejos de inferioridad que nos han metido en el alma, aquellos que tenían la obligación de construir una sociedad de valores y de grandes principios, y lo que lograron es un resultado mediocre, pues sus egoísmos y afanes de poder y de lucro los llevaron a destruir todo lo bueno de un país, sin levantar nada mejor a cambio. El resultado ha sido un país en la ruina moral y en vías de una continua explosión y desintegración.

La doctrina del odio y de la muerte que se ha desatado en la República en los últimos veinte años, ha hecho un extremo y profundo daño al alma de la nación, pues hoy se asesina por puro placer, se amenaza con matar ante cualquier nimiedad, y verdaderamente son amenazas serias. Hemos visto como miles de jóvenes asesinan diariamente a otros jóvenes, solo por serlo. La vida perdió vigencia en nuestra nación. Quienes gobiernan pregonaron durante tanto tiempo la consigna de la muerte, que ésta campea por las calles de la nación, y se mete en los hogares y se roba la vida de los jóvenes a cientos y nos estamos quedando sin futuro.

Si Venezuela sigue así, en este proceso de decadencia, en pocos años, podríamos ver su desintegración, pues movimientos independentistas y autonomistas en las regiones van a cobrar fuerza, lo que va a desintegrar verdaderamente la República, hundiendo a nuestro suelo patrio, en guerras civiles y en mayores crueldades.

En una nación democrática, no hay enemigos, sino contrarios políticos, con otras concepciones, lo cual no es suficiente para declararlos grupos hostiles enemigos de la República y traidores, a los que hay que eliminar, sólo por no ser afectos a la doctrina política del partido gobernante. Esto es puro y duro nazismo. Con doctrinas como éstas no se hace Patria, se hace la dictadura, el atraso y crece el odio.

Estas posiciones radicales no hacen ningún bien al desarrollo ni a la paz de una nación. Son concepciones a ultranza que representan el comunismo, el fascismo o el nacionalsocialismo que se caracterizan por acorralar y exterminar toda oposición y toda opinión contraria, a través de la violencia y de toda artimaña política.

Estas posiciones políticas propician la atomización y la anarquía de sus naciones y las destruyen, como le sucedió a la Alemania de 1945, durante el régimen nazista de Adolfo Hitler, que al perder la guerra fue partida esta nación en dos, la Alemania Oriental y la Alemania Occidental.

Esta división y fraccionamiento no la queremos para nuestra Venezuela, por el contrario, lo deseable que haya una inclusión social, económica y ampliamente democrática, para que todos los sectores y estratos de la nación se sientan útiles y tomados en cuenta para que, con amor y denuedo cada quien, contribuya a levantar y reconstruir a nuestra amada Venezuela. Los venezolanos tenemos la suprema obligación de rebuscar dentro de nuestros propios valores históricos y asumir, que ésta, es nuestra casa, para limpiarla, ordenarla y volverla a poner hermosa, abriendo las ventanas de par en par, para que los aires de libertad y sanidad circulen libremente por todos los pasillos y ambientes de la Patria.

Con solidaridad, amor, tesón, perseverancia y profundo amor a la democracia, además de imbuirnos en el sublime conocimiento de la paz y la búsqueda del progreso, podremos lograr rescatar nuestro país y llevarlo a ser la nación más agraciada y bondadosa de la tierra.

Ningún gobernante o grupo político o social tiene el derecho ni patente de corso, para imponer el odio, la guerra o el apartheid como forma de gobernar. Con estos antivalores nunca se podrá construir una nación de paz y prosperidad.

La construcción de la felicidad la libertad y la verdadera democracia de una nación es obra de todos los sectores, gobierno, pueblo, industriales, comerciantes, campesinos y productores, políticos de derecha y de izquierda, apolíticos y apartidistas, solteros, viudas y casadas, universitarios y profesionales ¡todos! Tenemos el supremo deber de incluirnos y de ser incluidos en la maquinaria para lograr la grandeza de Venezuela. Y nadie puede apartar o desterrar de esa misión a los demás, no tiene autoridad ni es dueño de la verdad absoluta. Somos hombres y nos equivocamos y toda teoría humana es imperfecta.

El 5 de julio de 1961, el Presidente Rómulo Betancourt, en la alocución presidencial en el año sesquicentenario del 5 de julio 1811, lo expresó de esta manera:

> "Pero un gobierno solo, por más fuerte que sean sus bases de sustentación, no puede realizar como tarea de su exclusiva y privativa incumbencia la transformación superadora de un país que arrastra un saldo grande y gravoso de problemas acumulados a lo largo de décadas. Se necesita y requiere un esfuerzo colectivo, una dación por todos los venezolanos de una cuota, no mezquineada ni regateada, de sacrificio"

> "El pueblo venezolano es laborioso, hecho de la mejor madera humana, inteligente y receptivo. Sólo se requiere empeñarnos todos en el trabajar creador; deponer la aspereza en las discordias políticas; afrontar con ánimo entero y sin dejarnos ganar por el cobarde derrotismo las dificultades inherentes a la crisis de crecimiento que vive el país: Y recuperar la mística nacional, esa conciencia colectiva de sentirse parte integrante de una comunidad a la que debe servirse..." (Rómulo Betancourt, La Revolución Democrática en Venezuela. Tomo II. Caracas 1968; p.p. 110-111).

Aquellos que pretenden imponer sus radicales ideas políticas, excluyendo al resto del país, que le es contrario, pasando por encima de las leyes, de la Constitución y de la libertad. Arremetiendo verbal, social y legalmente contra el resto de la población, por no estar de acuerdo con sus posiciones fundamentalistas, no son democráticos ni merecen estar al frente de los mandos de la nación. Verdaderamente son fósiles históricos que hacen demasiado daño pues empobrecen y destruyen la nación.

Estamos obligados a ser inteligentes, amplios y hermanados para que, entre todos, con el aporte de nuestras ideas, logremos con éxito levantar a Venezuela de la decadencia en que la sumió el chavismo.

La obligación de extirpar la pobreza y la marginalidad en Venezuela es inexcusable e inaplazable. Ya no se trata de consignas y populismo, sino de emprender con el criterio de la más alta gerencia social, de la grandeza histórica y del sentido del desprendimiento, el emprender serios y eficientes proyectos y políticas realmente asertivas, para darle a nuestros barrios y sectores marginales, la superación, la paz, el sosiego y el progreso que se merecen.

Desde el año 2000 hemos ido en una franca decadencia, la democracia fue herida de muerte, en pleno 2021, tiempo en el cual estoy escribiendo estas líneas, el régimen de Nicolás Maduro se convirtió en una dictadura que ha traído el hambre y la miseria a toda la República y ha hecho que millones de venezolanos mueran de desnutridos, enfermos sin medicinas o han emigrado a otras naciones para poder sobrevivir y la pandemia del coronavirus ha agravado la situación y le ha servido al régimen para mantenernos recluidos en nuestros hogares. Es doloroso, ver como en el aeropuerto Simón Bolívar de Maiquetía y otros aeropuertos internacionales de Venezuela, se ven las grandes colas de personas con sus vidas metidas en sus maletas, para ir a probar suerte y encontrar la libertad en otras naciones. Más doloroso es ver las noticias internacionales que muestran como los venezolanos nos hemos convertido en indigentes sociales en otras naciones, en caminantes por páramos y desiertos entre fronteras, siendo rechazados por los pueblos de la región. Hemos pasado a ser vergüenza entre las naciones, como el antiguo Israel, cuando fue conquistado y esparcido entre las naciones e imperios del Medio Oriente, por su desobediencia ante el Dios Eterno. La Venezuela del siglo XXI y el Israel de hace cinco mil años tienen un parecido histórico muy notable.

Hoy más que nunca se hace necesario que se desborde el amor

hacía el pueblo venezolano, pero ese amor debe partir de nosotros mismos, expresando más solidaridad entre venezolanos y levantarnos juntos, con fe, con resolución y decididos a lograr la mejor democracia que nunca antes hayamos logrado. Tenemos el supremo deber de madurar social y políticamente y no dejarnos llevar por audaces y mentirosos que siempre andan buscando el poder y los inescrupulosos negocios con las arcas y bienes del Estado, disfrazándose de nacionalistas y de buenos patriotas.

Es el tiempo de Restaurar a Venezuela, es la hora, de tomar la historia de nuestra nación en nuestras manos y construir el futuro que merecemos. Dirigir nuestros destinos como demócratas. Reclamamos el lugar que nos corresponde como instrumento fundamental del cambio y del logro de la suprema superación y felicidad de la República y de nuestras familias.

Pero para ello debemos volvernos más inteligentes, sabios, atrevidos y valientes, para aprender a pensar sin dejarnos manipular en nuestras decisiones y sentimientos. Ser independientes en nuestro concepto, elegir lo mejor, no lo menos malo. A los mejores hombres y mujeres de la República.

Si aprendemos la lección que nos está dando la historia, podremos superar la crisis que hemos estado viviendo como pueblo desde hace más de dos décadas. Y como el ave Fénix nuestra Patria renacerá de las cenizas para llenarse de progreso, prosperidad, libertad y esperanza.

Si no aprendemos la lección seguiremos en el fondo del abismo. Pero en el trascurso habrá mayor inestabilidad, más pobreza, violencia y desintegración social. Hasta que la historia nos condene a desaparecer como nación.

Por ciertos momentos de la historia hemos ido por caminos de paz y de felicidad, de progreso y prosperidad. Pero en estos momentos, la decadencia, la muerte y el odio se han apoderado de la nación. Por tanto, es urgente que volvamos a la senda de la vida en abundancia, porque Dios nos otorgó una nación llena de riquezas y bendiciones, pero debemos aprender a ser excelentes administradores. Es una decisión inaplazable y urgente

SÍMBOLOS DE POBREZA.

Uno de los símbolos de la decadencia en la que hemos sido sumergidos los venezolanos, es que se nos ha obligado a vivir en medio de la basura, entre la muerte y la tragedia, ya que la muerte, el robo, el secuestro, la agresión, el ruido excesivo, el mal gusto, el sarcasmo, la vulgaridad, y tantos detalles execrables, se han hecho parte de nuestro entorno, de nuestra conducta, de nuestro hablar y pensar. Nunca antes en nuestra historia habíamos presenciado la terrible escena de ver a cientos de venezolanos en todo el territorio nacional, comer de la basura. es la peor vergüenza de nuestra sociedad, y debemos superarlo y darles a esos venezolanos la dignidad de ser ciudadanos de primera calidad.

Ser una nación pobre y arruinada, no es normal, ni es nuestro destino, tampoco es la manera de hacer patria, ni de hacer una revolución, destruyendo, ensuciando, haciendo decaer lo que era bueno, para derribarlo, y poner el vacío oscuro en su lugar. No se ama a la nación, destruyendo y liquidando lo construido, para levantarse sobre las montañas de basura y escombros, achicharrados por el fuego de la guerra, y reinar imbuido en el mayor de los odios . Así ha sido el supuesto amor de la revolución chavista hacía nuestro pueblo.

Crear conciencia de solidaridad, legislar para crear un Estado y una nación moralmente responsables con la pobreza; meter en esa lucha a los empresarios e industriales de la nación, a las universidades, a las iglesias, a todas las fuerzas vivas, para que seamos todos, juntos, sin distingo de sectores y/o parcialidades, que, tomados de las manos y con una sola conciencia, luchando en contra de la pobreza y tengamos éxito en esa lucha.

La pobreza se combate con inteligencia, con la mano de todos los venezolanos de buena voluntad, de paz y convivencia, dispuestos con todo el corazón y todas las ganas de erradicar el odio y la división entre venezolanos.

Es cierto, que hay unos que tienen riquezas, en demasía, y otros, que les faltan dos comidas o las tres de cada día, y que no tienen como vestirse. Pero este combate, no está en criminalizar las riquezas de unos y llenar de odio a los que nada poseen en contra de sus compatriotas que han sido exitosos, sino en lograr que todos juntos, el camino de la salvación de la Patria. Así debe ser la democracia que debemos construir.

Los distintivos más lamentables de nuestra sociedad en las últimas décadas son, el secuestro, el robo y la muerte violenta. Estas plagas están azotando la sociedad venezolana, el experto Roberto Briceño León del Laboratorio de Ciencias Sociales (LACSO) y el Observatorio Venezolano de Violencia (OVV) dice que "en los años 80 Venezuela tenía un índice de homicidios baja, cerca de ocho homicidios por cada cien mil habitantes, que se correspondía con la media mundial de homicidios de la Organización Mundial de la Salud de 8,8 homicidios por cada cien mil habitantes.

En los años 90 nuestro país estaba en los países de violencia media alta de América Latina, entre 16 y 30 homicidios por cada cien mil habitantes, por encima de Argentina, Chile, Costa Rica y Uruguay que tenían promedios de 10 (violencia baja), y Perú, Nicaragua, Ecuador y Panamá, que estaban entre 11 y 15 homicidios por cada cien mil habitantes (violencia media); y, yendo a la par con países como México y Brasil. Para esas décadas estaban por encima de Venezuela, países como Colombia y El Salvador". Tomado de Google: ROBERTO BRICEÑO LEON. 10 años de Violencia en Venezuela" Laboratorio de Ciencias Sociales (LACSO) Observatorio Venezolano de Violencia (OVV)

Briceño León sostiene: "En 2003 se prendieron las alarmas, pues hubo más de 11 mil víctimas y la tasa llegó a 44 homicidios por cada cien mil habitantes.

En el año 2006 subió esta tasa de homicidios a más de diez mil, es decir a una tasa de 45 por cada cien mil habitantes. En 2007 esta tasa volvió a subir a 49 homicidios por cada cien mil habitantes (Ob. Cit.).

"Estas cifras se refieren a casos, no a personas, y un caso puede tener dos o más víctimas.

No incluyen las víctimas de la policía llamados "resistencia a la autoridad"

No incluye las llamadas "averiguaciones de muerte"

Si se incluyeran estos casos las cifras podrían aumentar de manera importante, llegando en 1998 a 8620 muertes violentas y en 2007 a 18.999 muertes violentas (Ibid.).

El Laboratorio de Ciencias Sociales y el Observatorio Venezolano de Violencia a través de Briceño León plantean las siguientes preguntas y respuestas:

¿Qué se debe hacer?

- Claridad en las políticas ante la violencia.
- Continuidad en los programas
- Acciones de prevención y de represión.
- Crítica de la actuación violenta.
- Apoyo a los organismos policiales.
- Debe reforzarse la convivencia social y política en el pacto social
- La aceptación del otro diferente.
- Los mecanismos no violentos de resolución de conflictos
- La relevancia de la ley como tercero abstracto y no como voluntad personal.
- Restaurar el rol del Estado como árbitro monopolizador de la violencia.

Según el diario Herald Tribune "Venezuela registró 19.133 asesinatos en 2009, lo que sitúa a la tasa de homicidios en el país en setenta y cinco por cada cien mil habitantes, según un estudio realizado por el Instituto Nacional de Estadística (IDE)" (Google Traductor: Latin American Herald Tribune, 17,2011).

"Según algunas estimaciones, la tasa de homicidios de Caracas es tan alto como 118 por cada cien mil habitantes. Que la convertía en la cuarta ciudad del mundo más peligrosa después de Ciudad de México, Juárez, Kandahar en Afganistán y San Pedro Sula en Honduras..." (Google: Merco Press. South Atlantic News Agency. Montevideo, 17.2011).

No hay duda entonces, los símbolos de la pobreza que están azotando a la sociedad venezolana y la sociedad Latinoamericana, son el delito, la muerte y la violencia. Ante esto es de relevancia histórica con carácter de sobrevivencia nacional, que toda la sociedad llegue a un acuerdo a un contrato social suscrito por todos, sin excepción, para erradicar estos males que están llevando a nuestros pueblos a la extrema pobreza y abandono material y espiritual.

TRANSFORMACIÓN DE LOS BARRIOS EN LUGARES APACIBLES

Es necesario que cada barrio y cada comunidad humilde, se transformen en lugares apacibles de vivencia, desarmando y combatiendo a los grupos delincuenciales y del tráfico de drogas, dotando cada comunidad de cultura, de canchas deportivas, de iglesias donde se enseñe la Palabra de paz, amor, perdón y sensibilidad de Jesucristo, para que haya sanidad interior y exterior en nuestros pueblos.

Salvemos a la juventud y a la niñez venezolana de la filosofía maligna de la muerte que los está acabando. Inculquemos vida y éxito en abundancia a nuestros hijos y a los hijos de nuestros hijos. La danza de la muerte que se ha apoderado del corazón de los venezolanos está acabando con la esperanza y con el futuro de la nación. Esto es demasiado doloroso y acarrea gravísimas consecuencias para el futuro, pues, ¿Quién dirigirá la República en 20 años más? ¿Con qué fuerza de trabajo cuenta nuestra República para conquistar el desarrollo? ¿Por qué estamos dejando que nuestros jóvenes y niños mueran por cientos en todo el territorio nacional? ¿Qué les espera a los millones de jóvenes venezolanos que han emigrado a otras naciones porque perdieron la esperanza en Venezuela? Han emigrado millones de venezolanos al exterior, excelentes profesionales, niños que van a ser adultos en otras naciones. Todo esto es realmente una tragedia nacional en Venezuela, que ha sido fomentada por los gobernantes del chavismo, con toda la perversidad y con toda la inteligencia maligna que proviene del castro-comunismo cubano. Esto ha sido diseñado por las mentes más perversas del comunismo internacional, para gobernar encima de las cenizas de la república.

Saquemos a la juventud y a los niños venezolanos de los barrios, del anonimato, de la pobreza de la delincuencia y del terrible poder de la muerte, ellos son grandes promesas en todos los campos sociales, atendamos y pongamos toda la atención en esos jóvenes y pequeños, y veremos maravillas y grandezas salir de ellos. De eso, podemos estar seguros.

Erradicar la pobreza, no es regalar comida en una caja de clap o construir edificios para viviendas, de mala calidad. sin estacionamientos, sin canchas deportivas, sin zonas verdes, sin acatamiento de las ordenanzas municipales, esto es populismo que no contribuye al desarrollo y al progreso. Desterrar la pobreza, debe comenzar por rescatar el alma y el corazón de cada ciudadano, restituir el buen gusto, el sentido del bienestar individual y colectivo, para que todos juntos emprendamos la restauración y la reconstrucción de la nación. Transformar los barrios y comunidades humildes en lugares seguros y apacibles de vivencia, no es misión imposible, es una necesidad y una obligación histórica.

Cuando el autor de esta obra, era niño en los años 60, éramos una familia andina del estado Mérida, que vivíamos en el barrio "Cañada Honda" de Maracaibo, recuerdo que el barrio todo, era una comunidad muy unida. En las noches, nuestros padres se reunían, unos en el frente de las casas de Chela, de María Carrasqueño, de Carmen de Bustamante, de José Castillo o Armando Materán, para conversar y refrescarse del calor del día. Los muchachos jugábamos alrededor de aquellos jóvenes padres. No había maldad, ni delincuentes, las casas quedaban abiertas, sin riesgo de robos, hurtos o cualquier delito de los que ahora nos agobian.

En los diciembres compartíamos las hallacas, los dulces, los juguetes. Todos éramos muy humildes, pero no había pobreza. En nuestras comunidades reinaba la inocencia y la paz. Cada padre o madre de familia tenía un empleo, la comida era abundante al igual que la vestimenta, de manera que una familia como la nuestra de nueve personas, vivíamos en humildad, pero bien alimentados y limpiamente vestidos, nunca sentimos la pobreza, al igual que tampoco nuestros vecinos. Hoy día, no se puede afirmar lo mismo, porque hay hambre que mata diariamente a muchos venezolanos y esa es la realidad de muchos latinoamericanos.

Los fines de semana o en algunos atardeceres, salíamos con mi papá Juan Angulo, mis hermanos y yo, a pasear hacía vecindario lejano, que lo comunicaba una extensión de terreno semidesértico lleno de cardones y tunas, que a mí me parecía una aventura exótica. Mi padre conversaba con lejanos vecinos, en aquellas tardes, sin conocerlos, ellos le invitaban un buen café, y luego con el breve tiempo se hacían amigos, compartiendo visitas en nuestro hogar. Uno de esos vecinos, el señor Plinio, que hacía escobas para vender, le regaló a mi papá un bonito perro que se llamaba "Batallón" con el que jugábamos y cuidaba nuestra casa.

Luego casi al rayar la noche regresábamos al hogar, felices. Nunca hubo ningún problema, peligro o ningún intento de violencia. La vida en los lejanos años 60, en Venezuela, era la de un país de buenos ciudadanos, en el que reinaba la decencia, la honestidad, a la gente le gustaba compartir, aún con los desconocidos.

Nuestros padres nos enseñaban que debíamos respetar a los mayores, que no podíamos apropiarnos de las cosas ajenas, que, si nos daban vueltos demás, debíamos devolverlos, que debíamos amar y buscar a nuestro Dios.

La Venezuela de aquellos años estaba llena de hombres y mujeres que amaban a la familia, a la nación y temían de las leyes.

Luego más adelante, cuando ya estaba llegando a mi adolescencia, en los tardíos años 70, vine por primera vez a Caracas. En ese tiempo, la llamaban la "Sucursal del Cielo" y con razón, el clima de Caracas era ricamente benigno, aunque se veían ranchos en los cerros, todavía había mucho verdor en las montañas. Las vías públicas eran limpias, el caraqueño era alegre, amable y orgulloso de su ciudad.

En las calles se observaba gente feliz, definitivamente las personas gozaban de mejores condiciones de vida y se sentían orgullosas de la ciudad. Realmente los caraqueños se gozaban de llamar a su ciudad "la Sucursal del Cielo" porque Caracas era una ciudad llena de buena vida y brindaba oportunidades a todos. Se vivía muy bien y aunque siempre ha habido delincuencia, los cuerpos de seguridad eran más efectivos y eficientes y hasta los delincuentes eran más respetuosos que los actuales. Caracas en esas épocas, enamoraba a propios y extraños, y exultaba prosperidad, anhelo de desarrollo, confianza en el futuro.

En los años 80, vivía todavía en Maracaibo, en la Urbanización San Francisco, grande y hermosa obra de la democracia. Maracaibo era una ciudad decidida a progresar, llena de la alegría del maracaibero y de su inextinguible deseo de ir hacía adelante. Maracaibo era la ciudad más alegre de Venezuela y prometía mucho progreso. De allí me fui a estudiar a la Universidad de los Andes (ULA). Mérida era la ciudad más hermosa de Venezuela, su frío clima y su ambiente estudiantil la hacían un paraíso para los estudiantes. Cuando salíamos los fines de semana a distraernos de la presión de los exámenes siempre se celebraba, podíamos caminar por los viaductos, por la Plaza Bolívar, sentarnos en sus bancas a disfrutar del frío de la ciudad ir a la plaza de las Heroínas a contemplar la neblina que venía de la montaña del Pico Bolívar, sin que nunca se asomara el peligro de un delincuente.

En fin, nuestra sociedad definitivamente era apacible y los venezolanos nos sentíamos los más dichosos de serlo, porque amábamos a Venezuela, pues nuestra nación era un gran país. Nunca en esas décadas se supo que alguien estuviera deseoso de irse a vivir en otro país. Aquí lo teníamos todo, el venezolano no emigraba.

Luego a partir de los años 80, comenzó la decadencia moral y social de la República, los noventa seguimos en caída, la clase política venezolana se sentía demasiado confiada que nuestra democracia estaba cimentada en la estabilidad y que nada la desestabilizaría y comenzaron a creerse impunes y a cometer hechos de corrupción y decadencia que el pueblo venezolano detestaba, allí comenzó el derrumbamiento de nuestra democracia. Surgió la necesidad de un nuevo liderazgo que sustituyera a la decadente clase política que nos gobernaba. Surgió en ese tiempo un gran hombre, Renny Ottolina que se lanzó a la candidatura de la presidencia de la República, con propuestas de inteligencia, ética y valores, y era el seguro ganador, pero en un lament-able y misterioso accidente aéreo, pereció. Luego quedó un gran vacío de liderazgo, hasta que surgió una nueva figura, el teniente coronel Hugo Chávez Frías, ex golpista en el año 1992, que llevaba oculto el "abc" castro-comunista, y en el año 1998 con un mensaje populista, anti partidos políticos, ganó las elecciones presidenciales, a partir de allí Venezuela ha sido sumergida en la decadencia moral y social, nos arruinaron como nación.

La pobreza se han convertido en un instrumento de los políticos populistas, no solo en Venezuela, sino en toda América Latina, utilizando la inocencia de los ciudadanos humildes para llenarlos de grandes anhelos, nunca cumplidos, con el único fin de alcanzar el poder, y luego hacerse dictadores, dueños y señores del Estado, de las riquezas y del poder.

El chavismo-madurismo, que ha gobernado la nación, capituló ante el reto que tenían por delante para acabar con la marginalidad, con los ranchos, con la pobreza material e intelectual de los venezolanos, por el contrario, esa pobreza se alimentó y se acrecentó, primero con el mal ejemplo dado al apoderarse y repartirse entre ellos los granades recursos de nuestra nación venezolana.

Pues bien, ¿por qué nuestros gobernantes no han tenido seriedad y decisión para terminar con los ranchos, con la pobreza y con la violencia en Venezuela? ¿Por qué en cada período electoral se ofrecen paños de aguas calientes, que son muy tibios, casi fríos, para mentirle a los venezolanos? ¿Cuál es el negocio redondo de los políticos en mantener a los venezolanos pobres e ignorantes? Se me ocurren dos respuestas, seguramente usted tendrá otras mejores que la mías: 1ra.- Su mayor negocio es "el secuestro del poder" que conlleva al apoderamiento de todos los privilegios de ser dueños del Estado; 2da: "La apropiación indebida de las riquezas de la nación" en forma grosera e insolente. El chavismo ha superado, en esto, con creces todos los malos ejemplos de los demócratas que gobernaron antes.

Los cierto es, que ahora en estos momentos históricos, en el momento que recuperemos la democracia en Venezuela, es obligatorio que se piense y planifique en forma definitiva la forma de erradicar el rancho, la pobreza, la marginalidad la violencia en Venezuela. Estamos claros que esa erradicación no se puede, ni se debe hacer en un período presidencial, tampoco en una década. Pero al comenzar, debe tenerse perseverancia y constancia a través de veinte, treinta o cuarenta años, hasta que logremos la meta.

Pero hay que emprender la transformación de vida de nuestros barrios y zonas marginales. La pobreza debe disminuirse al máximo posible, y sobre todo la penuria moral, intelectual y espiritual, pues estos tipos de miserias, le quitan fuerza al hombre para luchar y/o triunfar sobre las adversidades, lo derrotan antes de emprender la batalla.

Es allí donde nuestros gobernantes fallaron y siguen fallando históricamente, pues ellos mismos han sido pobres de espíritu y exentos de moral y de luces. Nadie puede dar lo que no tiene.

Es en este punto, es donde la dirigencia tiene que rehacerse, reinventarse, transformarse, desde adentro hacía afuera. Detenerse y pensar: ¿Qué estoy transmitiendo? ¿Qué hay dentro de mí para dar? ¿Sirve o no sirve?

Eric Berne en su obra ¿Qué dice usted después de decir hola?, habla sobre lo que tenemos y debemos de transmitir, que valga la pena, el abrir la boca, de la siguiente manera:

> "1. Para decir "Hola", primero deshágase de toda la basura que se ha acumulado en su cabeza desde que llegó a casa saliendo de la clínica de maternidad, y entonces reconozca que este "Hola" particular nunca volverá a darse.
>
> Puede tardar años en aprender a hacer esto.
>
> 2. Para devolver el saludo, deshágase de toda la basura que tiene en la cabeza y vea que ahí hay alguien que se está cruzando con usted o que está quieto esperando que usted le devuelva el saludo. Puede tardar años en aprender a hacer eso.
>
> 3. Después de decir "Hola", deshágase de toda la basura que está volviendo a meterse en su cabeza, todos los residuos de todos los agravios que usted ha sufrido y todos los anticipos

de todos los líos en los que piensa meterse. Entonces se quedará sin habla y no tendrá nada que decir. Después de más años de práctica, puede que se le ocurra algo que valga la pena decir." (BERNE Eric, <u>¿Qué dice Usted después de decir hola?</u> Grijalbo, Cuarta Ed. 1977. Barcelona, p.p. 16-17)

Definitivamente el Eric Berne es muy claro, pues luego de un "hola" la mayoría de las personas no sabemos que más decir, y llenamos el espacio y el tiempo con palabras "vanas y huecas" y esto es más lamentable aún, cuando se trata de aquellos que aspiran a dirigir a una sociedad, y a aquellos de hecho lo están haciendo. No dan, pues no tienen nada para dar.

No se ha tomado nunca nada en serio, lo que ha imperado es el vacío, la nada, la sorna, la mentira, la palabrería sin sentido. Esto ha caracterizado a nuestros más y menos ilustres dirigentes políticos y sociales, de los últimos 20 años, nuestros gobernantes revolucionarios comunistas. Esto debe cambiar, para siempre. A partir de ahora, debemos meditar muy bien lo que vamos a decir, luego de un "hola yo me llamo fulano de tal y estoy aquí para que ustedes me apoyen a…"

La pobreza y la marginalidad deben dársele término final, pero antes todos aquellos que aspiran a conducir gobiernos, municipales, estatales y nacionales, deben deshacerse de sus propias pobrezas y marginalidades internas. Y si no pueden, ¡apártense! o sean apartados por el pueblo venezolano, de una vez y para siempre. Ya no debe haber más cabida en la sociedad venezolana para mediocres, mentirosos, violentos, radicales del odio, ineptos o decadentes.

¿Cómo han de proceder los próximos gobiernos por venir? Definitivamente deben ser democráticos y eficientes, deben devolver la paz, la seguridad y el sentido de buena ciudadanía a todos los venezolanos. Es una obligación suprema, que no admite excusas ni el correr de las arrugas.

Los venezolanos queremos volver a vivir en un país, en una sociedad, en una comunidad y en un hogar, apacibles y en vías de progreso, sin pobreza. Con total esperanza, fe y alegría por el porvenir. Lo merecemos.

PRINCIPIO ESPIRITUAL PARA REDUCIR LA POBREZA

En el libro de Deuteronomio de la Biblia Capítulo 15, dicta que no debe haber menesterosos o mendigos en medio de nosotros, que no debemos cerrar nuestra mano contra ellos, sino que le abriremos nuestras manos liberalmente y le prestaremos lo que necesiten, sin mezquindades. De esta manera recibiremos bendiciones en todo aquello que emprendamos.

Esto sienta un principio, no sólo espiritual, sino social, político y económico, muy práctico, no puede haber una sociedad exitosa, si hay pobreza extrema en su seno, como lo dice el profesor Bernardo Kliksberg: "América Latina presenta, a inicios del siglo XXI, un cuadro extendido de los que podríamos llamar "pobreza paradojal" "Este cuadro de "pobreza paradojal" lleva a penurias de gran significación en la vida diaria de los latinoamericanos y recae aun fuertemente en los sectores más vulnerables de la población" (KLIKSBERG Bernardo <u>Más ética más desarrollo</u>. 3ra ed. 2004. Grupo editorial, p.p. 9-10)

En esto hemos fracasado como sociedad, pues la pobreza en Venezuela es cada día mayor, más profunda, más dolorosa, y nosotros nos hemos acostumbrado a caminar sobre ella, dentro de ella, y a verla como algo normal de nuestras existencias, lo cual, es la mayor de todas las anormalidades, y la más profunda.

Nadie se acostumbra a una llaga purulenta, pues ésta arde, pica, duele y crece. Pero a los venezolanos se nos ha acostumbrado a vivir en medio de la llaga de la pobreza.

Deuteronomio 15, sienta un principio de éxito y victoria para toda sociedad que quiera surgir y ser feliz, primero tenemos que combatir la pobreza, con la solidaridad, con la ayuda mutua, con el tender la mano a aquellos que están más necesitados, para que surjan, mejoren sus condiciones de vida y salgan de la pobreza.

Reducir al máximo la miseria es un coadyuvar mutuo, donde todos los miembros de la sociedad se presten sus salvavidas para salir juntos de la tormenta del mar profundo de la penuria.

El niño andrajoso, descalzo y sucio que está al borde de la estación del metro o en la esquina sucia de la calle, a ese que le pasamos por un lado y lo eludimos y no nos duele porque no es nuestro hijo; el ancianito tirado en la calle, débil y carente de seguridad social, la familia entera que come de la basura, ellos demuestran el estruendoso fracaso de la revolución chavista-madurista que ha sido un nido de corrupción y de ineptitud, con mala intención y odio, hacia todo lo que representa progreso, sensatez y paz verdadera.

Siguiendo con el profesor Kliksberg, él acertada y sentidamente comenta: "Detrás de este cuadro que vulnera todas las convicciones éticas de sociedades cuyas creencias religiosas y morales reclaman dar afecto y protección a los niños, se hallan el avance de la pauperización y de las iniquidades en la región y su impacto destructivo sobre las familias. Estos niños están pagando los costos de políticas insensibles a sus efectos sobre la población, la reducción de las coberturas sociales, la caída en la pobreza de muchas familias antes de clase media y la polarización social. Una sociedad que excluye y una familia desarticulada por estos impactos los empujaron fuera de todas las estructuras. Es muy cómoda llamarlos "niños de la calle", como si ellos hubieran decidido vivir en ella y hay quienes calman su conciencia con esa racionalización" (editorial, p.p. p. 78).

Cómo se justifica el liderazgo de una nación que tiene todo el poder en sus manos y todos los recursos y riquezas de una nación, si pasan las décadas y millones de familias siguen sin esperanzas de progreso y bienestar en la pobreza absoluta. Cada día se ven miles de niños abandonados en las calles, cientos de indigentes, ancianos sin protección viviendo de la limosna. Los padres de familia y la niñez, han sido abandonados a su suerte, tirados al viento.

Lo peor es hacerle sentir a esos desamparados, que ya no hay esperanzas, que, si nada tienen hoy, mañana tendrán menos. A un pueblo al que todos los días se le da malas noticias, violencia verbal y física, mensajes de muerte y destrucción de todos los valores, se le generan los más altos grados de infelicidad y se le arruina todos los sentimientos de superación y de amor. En consecuencia, así nunca una nación podrá salir de la pobreza y del atraso.

Los altos funcionarios rojos del Estado, que llegaron al poder gracias a la democracia y a sus libertades, y destruyeron la libertad y la riqueza nacional, se han vanagloriado de su poder. Sus pensamientos giran sólo y únicamente, en la conquista de su gloria y satisfacción personal. Más allá de esto, no hay un solitario pensamiento verdadero hacía los pobres, pues para éstos lo único que sale es desaliento abandono, muerte y destrucción.

Lo profundo y lo vasto del dolor de los humildes y menesterosos se desahoga en la rabia, en la violencia anónima en el hogar, en el alcohol, las drogas, en la frustración y el odio hacia la sociedad. Ese sufrimiento lo lleva la madre de familia abandonada por su marido, el niño golpeado una y otra vez, hasta que es lanzado a la calle, para refugiarse entre los andrajos y entre otros iguales que él. Llenos de padecimiento, perseguidos y despreciados por la sociedad y abandonados por el Estado.

Exigirnos a nosotros mismos y exigir a nuestros gobernantes más y mejor democracia, progreso, paz y desarrollo social. "Urge en América Latina recuperar en su plenitud la política social para llevar adelante la lucha contra los agudos niveles de pobreza que agobian a gran parte de la población, en un continente pletórico en riquezas potenciales" "En definitiva, tras la necesidad de que Estado y sociedad civil pongan en marcha en América Latina políticas sociales que aseguren nutrición, salud, educación y dignidad a los ciudadanos" (KLIKSBERG, Bernardo, Editorial, p.p. 106 -108).

II
RESTAUREMOS LA REPÚBLICA.

Nos dejamos robar hace muchos años la iniciativa para ser ciudadanos exitosos y una nación próspera, y en todo lo que va de siglo XXI, la sociedad civil ha librado grandes batallas civiles por la libertad, que ha costado muchas vidas y terrible dolor, no hemos logrado aún, restablecer la República, pero lo lograremos sin duda alguna. Nuestra meta inmediata como ciudadanos y como sociedad es ser exitosos, desechar las doctrinas de pobreza e inculcar en nuestros ADN espiritual y social la firme determinación de ser prósperos, libres y exitosos

En la era democrática vivíamos realmente cómodos, había en un país rico, en una democracia probada, pero era un sistema incrédulo, no sólo que no creía en un Dios Creador, sino que no creíamos que podíamos ser mejores por nosotros mismos y nos conformamos con lo que teníamos, nos descuidamos como ciudadanos y le dejamos toda la iniciativa a gobernantes irresponsables y carentes de amor hacía nuestra Venezuela. Perdimos el sentido de la grandeza patriótica de los libertadores del siglo XIX, y nos dejamos conducir por oportunistas que se colaron en el sistema democrático, vendiéndose como salvadores y a ellos les dimos todo el poder para aniquilar la democracia venezolana. Mientras nosotros los ciudadanos nos comenzamos a creer "vivos" en vez de inteligentes y esforzados, que pregonábamos que no había que trabajar, sino ser sagaces, y así actuaron nuestros gobernantes y los comenzamos a admirar, por enriquecerse. Una de las consignas más infelices de uno de los dos grandes partidos del siglo XX, era "AD roba y deja robar" ¿Cómo se construye progreso y prosperidad sostenida con una mentalidad tan decadente como esa? ¿Cómo una organización política dejó que ese tipo de moral pudriera sus bases políticas y con ello, los fundamentos de toda una nación?

En la relajación de nuestra moral social, creamos frases que dibujaban el alma del venezolano, tales como: ¡aquí todos somos unos vivos!, ¡todos los días sale un bobo a la calle y el que se lo agarre es de él! ¡Aquí lo que vale es ser vivo y más ná!

Creamos y alimentamos la cultura de la improvisación, del hurto, del pillaje, pues allí estaban las arcas del Estado, inagotables e inmensas, de las que nos aprovechamos en forma directa o en forma indirecta, ¡pónganme donde haiga!

El maestro Arturo Uslar Pietri decía desde la década de los 70, que en ningún país se ha inventado la forma de hacerse ricos sin trabajar y advertía en contra del mal de la viveza, y nadie lo tomaba en cuenta. Creíamos muchos venezolanos que trabajando poco y siendo muy vivos, podíamos ser ricos. Pues bien, la nación fue asaltada por una banda de más vivos que todos los demás, que se atornillaron en el poder y empobrecieron al pueblo venezolano desde 1999, ya no somos el país rico, que otrora nos ufanábamos de vivir, tenemos una excelente ubicación geográfica para el comercio internacional, con uno de los climas más benignos, pero hemos pasado a ser una nación de emigrantes desesperados que nos hemos vuelto incómodos en los países vecinos. La cultura de la viveza contribuyó a matar la prosperidad y la estabilidad de que gozábamos. Es un mal que describe el Maestro Uslar Pietri así:

"De nuestra herencia española y de nuestro tormentoso siglo y medio de república (hoy tenemos   doscientos años) nos viene la viveza. Un rasgo no se si finalmente es positivo o negativo, pero engendrador de males que ha sido muy activo y decisivo en nuestra vida de individuos y de colectividad"

"La viveza no está limitada a una clase social o a una condición económica. La viveza es la falta de fe o la mala fe que puede perdurar a todo lo largo de las alternativas favorables y adversas de la vida.   Es la práctica del   engaño y de la defensa contra el engaño…"

"Ese trabajoso, ese avispado, ese tigre, esa águila, cuyos nombres más la vida social y civilizada pertenecen a lo selvático y a lo más primario del instinto son a la vez las víctimas y los agentes de un morbo deformador. De un morbo que destruye las bases mismas que hacen posible que la sociedad subsista y prospere.

En el empeño de hacer una nación conforme a ciertos ideales aceptados u seguros, así como hay que curar a los palúdicos de su paludismo, a los hambrientos de su hambre y a los ignorantes de su ignorancia, habría que ponerse con todo esfuerzo a   curar a los vivos   del mal de la viveza" (Biblioteca USLAR PIETRI, Medio Milenio de Venezuela. Los Libros de El Nacional, p.p. 329, 330, 331).

Uno de los errores de la democracia es el haber permitido que hombres y mujeres sin moral, ni ética llegasen al poder, amparados en sus mentiras, en su descaro y en su poco amor hacia la Patria, y estos vivos han ocasionado muchísimo daño a nuestra sociedad y han frustrado el futuro y de desarrollo de nuestra nación. Con su rapacidad nos han robado la iniciativa de construir un gran país y han sembrado su mediocridad y canibalismo político, dejando una estela de atraso y destrucción a lo largo de toda la nación. El ejemplo más doloroso es la conquista del poder en diciembre de 1998 por Hugo Chávez y sus acólitos, verdaderos vivos, sedientos de poder y de riqueza, que han continuado, pero con mayor incapacidad y carga de destrucción, con Nicolás Maduro, uno de los regímenes más corruptos y malvados de la historia de Venezuela.

Los ciudadanos debemos recuperar la iniciativa de ser emprendedores y creadores de riquezas, de creer que somos los restauradores de una nueva sociedad democrática, libre progresista y alternativa. Con plena seriedad, responsabilidad y don de fe, podemos reconquistar en pocos años lo perdido, alcanzar el progreso, la paz y la seguridad y ser de nuevo, felices y orgullosos de ser venezolanos.

Hoy como nunca antes en la historia (será porque somos los protagonistas de esta época), ha sido tan necesario emprender la profunda iniciativa del ciudadano, para cambiar y transformar nuestra sociedad. Hasta ahora, en más de veinte años de régimen chavista, ellos han dejado la mayor estela de atraso en la nación, de división profunda, de violencia y muerte, de desorden y de carencia de visión de progreso y prosperidad, como nunca antes se había visto en Venezuela.

Nuestra iniciativa debe comenzar por rescatar nuestra historia, el alto valor de la democracia, las verdaderas virtudes de la libertad y la alternabilidad de los poderes, porque allí hay cambios, hay diferentes puntos de vista para el progreso y la prosperidad, allí deben emerger nuevos liderazgos y nuevas y excelentes alternativas para robustecer la vida institucional de la República.

No podemos resignarnos los venezolanos a ver en el poder al mismo grupo de pandilleros por decenas de años en el gobierno, como desgraciadamente, le pasó a la sociedad cubana, que le fue raptada su institucionalidad, por los hermanos Castro, quienes sometieron a toda una nación a su pura, solitaria y fracasada doctrina política y que ha hecho de Cuba un país pobre y sin oportunidad de lograr prosperidad económica e independencia social, pues allí hay una dictadura que aplasta toda iniciativa del sometido y reducido ciudadano cubano.

¿Estamos de acuerdo con que gobiernen los socialistas? Preferiblemente gobiernos liberales que vigilen las reglas del juego económico, que brinde seguridad   y libertad social para que cada ciudadano emprenda, progrese y cree riqueza social, pero de llegarse a elegirse un gobierno socialista, debe respetar la institucionalidad, que sea de tendencia moderada como lo fue el de la señora Michelle Bachelet en Chile, que trajo reivindicaciones y nuevas oportunidades para gran parte de la sociedad y que respetó las decisiones electorales del pueblo, así, bienvenidos sean, como parte del juego democrático. Pero no una mafia comunista, que al llegar al poder, trastoque el sistema político-jurídico derribando las bases democráticas, secuestrando todos los poderes constituidos para perpetuar su dominio, sometiendo a toda la sociedad y las generaciones futuras a la carga de la destrucción de las riquezas, al pillaje de la corrupción y a la apropiación de las finanzas de la República y al oprobio de entregarnos a una nación extranjera para que tutele nuestra vida política, lo que se ha constituido en la perdida de la independencia nacional, algo inédito y totalmente contrario a lo que se ha pregonado como "independencia para siempre".

Los venezolanos debemos gobernarnos nosotros mismos, sin injerencia de gobiernos ni potencias extranjeras, ni de derecha ni de izquierda. Nuestra iniciativa debe estar dirigida a lograr la prosperidad, la plena autonomía política y social y la paz de la sociedad, logrando una democracia verdaderamente alternativa, abierta al progreso y a la prosperidad social e individual de los ciudadanos.

ACEPTEMOS LA RIQUEZA COMO UNA BENDICIÓN.
En la Venezuela del siglo XXI, todos los venezolanos sabemos que: 1. Nuestro suelo patrio tiene inmensas riquezas; 2. Que por obra y desgracia del liderazgo más inepto y corrupto de toda la historia de nuestra nación, el pueblo venezolano se encuentra en la tragedia de la pobreza, la ruina y a diáspora y hemos pasado a ser oprobio ante el mundo, por haber emigrado por millones hacía otras naciones y volvernos incómodos y no bienvenidos, en las naciones vecinas; y, 3. Pareciera que no hay ninguna opción de recuperar aquella prosperidad que teníamos, porque el alma se nos empobreció y nos pusieron de rodillas por una pobre caja de clap

y la cola por la gasolina y los productos de primera necesidad.

Un secreto de las naciones ricas del mundo es que fomentan la riqueza, la consideran un "bien común" le dan la bienvenida, la reciben como a "una bendición" porque ésta produce bienestar social, paz, prosperidad, igualdad social, por tanto, no hay duda que "ser rico y próspero es bueno".

Las naciones prósperas de la Tierra están compuestas por sociedades exitosas, hombres y mujeres prósperos, familias satisfechas con el producto de sus labores, y el secreto, es el trabajo serio, planificado, con mentalidad de éxito e independencia económica y la constancia de producir cada día con más calidad y con mejores precios para que la competencia no nos supere, sin que haya la intromisión inescrupulosa del Estado pretendiendo intervenir la economía y limitando la libre competencia, destruyendo el libre caudal de la oferta y a demanda que regula los precios, que benefician al consumidor final, pues entre más oferta competencia y se produce mayor calidad en los productos y mejores precios finales.

Aceptemos la riqueza como una bendición porque el destino de una nación como Venezuela es que sus ciudadanos sean prósperos, que tengamos una economía libre de inflación, con reglas claras y libre flujo de ejercer cada quien la profesión que elijamos, en forma exitosa. Para que Venezuela sea una nación encaminada hacía el progreso y la prosperidad, debemos cambiar desde lo más profundo de nuestros espíritus la mentalidad de escases, que por siglos se nos ha inculcado "que la riqueza es mala", esta mentirosa doctrina ha sido un contrasentido en Venezuela, si estamos parados sobre un suelo rico en materias primas y mine rales preciosos y si lográramos un Estado compuesto de hombres y mujeres imbuidos de ética, decencia, honestidad y amor por la República, ¿Por qué no podemos ser prósperos y ricos como ciudadanos? He allí la visión que cada uno de los venezolanos que estamos dentro y fuera de Venezuela debemos internalizar, "ser rico y próspero, con ética, con trabajo honesto y esforzado, es bueno", para convertirnos en una sociedad floreciente, el cambio de mentalidad debe originarse en la mente de cada ciudadano de la República, para que en el corazón de cada uno de nosotros entre la luz del entendimiento, que nos merecemos ser prósperos y que lo podemos ser, con nuestro esfuerzo diario y nuestra mejor disposición a crecer y a prosperar. He allí el cambio de paradígma mental y espiritual que debe operarse en nuestras mentes, el cual debe comenzar desde la educación inicial y seguir hasta la educación universitaria, que se le instruya a la juventud a deslastrarse de la costra maligna de la mentalidad de pobreza y ruina que ha acompañado a los pueblos de toda la América Latina y comencemos a amar con ética, la riqueza, el bienestar social, el bien común y la prosperidad de nuestros pueblos y sin duda alguna, lograremos ser naciones exitosas, libres, democráticas, compuesta de ciudadanos orgullosos de ser latinoamericanos, pues competiremos con éxito con las demás naciones del mundo y nada tendremos que envidiarles.

RECUPERAR LA FE PERDIDA

Jamás una nación puede progresar bajo el poder de la mentira, de la violencia, de la división y el odio, esto ha quedado demostrado en la era de la Alemania nazi, dónde Hitler y sus acólitos, sedientos de venganza por haber perdido la Primera Guerra Mundial, enloquecieron al pueblo alemán y con la falsa doctrina de la raza y del destino del pueblo ario, hicieron que este culto pueblo se introdujera en la locura de la guerra contra el mundo entero, llevándolos a la derrota y a la ruina. Los líderes populistas traen ruina y destrucción para las naciones, porque ofrecen lo imposible, riqueza sin trabajo, progreso sin esfuerzo, igualdad sin merecimiento. Hugo Chávez para Venezuela fue y continúa siendo, aún después de muerto un líder populista mentiroso, inescrupuloso y manipulador, que arruinó a la sociedad venezolana. Ahora es el tiempo de recuperar la fe perdida, de dejar de quejarnos de la antigua e incrédula democracia que se perdió y reconstruir una sociedad prospera, libre y llena de grandeza histórica, para que nuestra nación sea restaurada, y se cumpla lo que dice el Profeta: "Que la tierra produzca su renuevo, y nuestro Dios haga brotar justicia en nuestra nación" (Isaías 61:11)

Necesitamos ser renuevo de nuestra sociedad, para que crezcamos como robustos y verdosos árboles, seamos ramas de justicia, de prosperidad, de abundancia, de honestidad y eficiencia y de todas las virtudes espirituales, morales y republicanas. Que de cada hombre y mujer sea un brote de verdor, en medio del pueblo, para que nos convirtamos en ejemplo de las naciones, y nos reconozcan como ciudadanos de fe, hacedores de una sociedad plena, justa, honesta, sensible, llena de grandes virtudes. Esa es la iniciativa que cada uno de nosotros debemos emprender, por amor a nosotros mismos, a nuestras familias, a nuestra nación y por profunda convicción, que con plena fe lograremos rescatar a Venezuela.

Debemos sanarnos como ciudadanos y como sociedad y procurar dejar de transitar caminos de perdición, de violencia, de carencia de esperanza en el futuro y de indiferencia ante nuestro destino, que conlleva a que nos abandonemos en la depresión y en la tristeza, que nos hace hundir en la miseria, en la mala educación en la ordinariez en nuestro pensar, actuar y hablar. Si nos revisamos, y limpiamos nuestros pensamientos, logramos tener la paz suficiente para superar nuestras carencias. Estamos seguro, que como sociedad nos superaríamos, para bien de la Patria y nos convertiríamos en un país de gente más amable, más culta, más amante del progreso y de la paz, respetuosos de nuestros semejantes. ¿Cuánto beneficio nos traería ser ciudadanos de esta clase? Todos queremos cambiar la situación de nuestra realidad, que se nos brinde seguridad personal y jurídica, que se termine la anarquía y la violencia física y verbal de la que hoy sufrimos. Todos clamamos para que se termine la decadencia provocada que nos conduce al caos, y encontremos los caminos de la decencia y el progreso, la armonía y la concordia entre los venezolanos.
Con fe y perseverancia reviviremos el derecho, se acercará nuevamente la justicia a nuestra nación, la verdad no volverá a tropezar, ni será detenida y la equidad podrá allegarse hasta nosotros. Así en una nación con templanza de las leyes y la justicia, usted y yo, sus hijos y mis hijos y todas nuestras generaciones podremos ser inmensamente felices, sin importar nuestras diferencias.
Así será sanada nuestra nación, y todos volveremos a ser ciudadanos llenos de fe y esperanza y amaremos y nos sentiremos gran-

demente orgullosos de nuestra Patria y de ser venezolanos. Así en forman definitiva lograremos que el derecho y la justicia, la libertad y la democracia vuelvan por sus fueros y se entronen en nuestra hermosa Venezuela.

¿Qué nos impide llegar a esta estos estrados de felicidad y logro para nuestras familias y para la nación? Lo que nos impide como sociedad lograrlo, somos nosotros mismos, lo que hay en el corazón de cada uno de nosotros, de lo que habla la boca, y nos hemos acostumbrado a proferir, maldiciendo y creyendo que esto no produce consecuencias, porque juzgamos que lo hacemos a manera de juegos verbales, pero en realidad, en el plano espiritual no hay medias palabras, no se dice en juego, todo es en serio y todo lo dicho es una sentencia que se cumple, por tanto, hablar refiriéndonos a nuestros hijos, a nuestras parejas, a nuestra nación, en formas vulgares o maldicientes, son sentencias que se cumplen en el plano espiritual y producen pobreza, ruina y destrucción. He allí lo que estamos viviendo. Cuando el autor de estas líneas, en los años 70, era un joven de 17 años y Venezuela era una joya de país, oía a los venezolanos de esa época maldecir a la nación, no una vez sino varias veces, hasta en los medios televisivos se hablaba muy mal de nuestra democracia ¿y no produjeron esas malas palabras consecuencias? henos aquí viviendo en el mayor aprieto de nuestra historia.

.

Hemos sido muchas veces indiferentes, cuando vemos que nuestra calle está llenándose de desechos, y nosotros mismos contribuimos a ensuciarla, cuando descuidadamente echamos también nuestros desperdicios en esos lugares. Somos indiferentes cuando se nos pide ayuda para una campaña colectiva ciudadana y replicamos que no es nuestra obligación; somos indiferentes cuando vemos un niño o un anciano abandonados y en vez de sentir, al menos solidaridad por ellos, nos apartamos y lo condenamos, ignorando el hecho que ellos son una víctima de esta sociedad desalmada.

Son indiferentes y culpables nuestros gobernantes porque han permitido que la delincuencia nos haya cercado, asesinado y destruido como sociedad, ellos mismos se han hecho delincuentes, porque es la única manera de conservar el poder.

La falta de fe y el miedo nos han agotado y nos hemos sentido derrotados como sociedad, porque han pasado los años y sólo hemos visto el ocaso de nuestra Patria, pero hoy más que nunca debemos levantar nuestro ánimo, nuestro esfuerzo y nuestro patriotismo democrático, y llenarnos de plena certeza y convicción que recuperaremos la democracia y la haremos la más eficiente y exitosa de nuestra historia.

Recuperar la fe perdida es un deber patriótico, en las guerras y en las contiendes democráticas, se pierden muchas batallas que hacen desfallecer a los contendores, pero el amor por la Patria y por la libertad, nos hará una y otra vez volver a levantarnos para seguir en la lucha adentro, hasta que veamos cristalizado el triunfo de la libertad en nuestra nación.

Nuestra certeza y nuestra convicción es que restableceremos la mejor y la hermosa de las democracias del planeta, los enemigos de la libertad no podrán jamás triunfar para siempre y estamos seguros, que llenaremos las páginas de la próxima historia contemporánea del más eficiente y hermoso sistema político y social de todos los tiempos en Venezuela.

La democracia volverá y será una dama reluciente, sin manchas y sin arrugas y con su manto de amor nos arropará a todos los venezolanos y dentro de su frondoso verdor resplandecerá nuevamente Venezuela como nunca antes lo ha hecho. Estamos plenamente llenos de fe que así será.

HACEDORES DE MILAGROS Y GRANDEZAS

Los venezolanos necesitamos mucha más educación y cultura, que aprendamos a amar la poesía, la buena lectura, que haya y se ofrezcan obras de teatro de calidad, conciertos de buena música para las clases populares, que se construyan excelentes bibliotecas en todas las comunidades, bien dotadas y se creen programas de lecturas, concursos literarios, de poesía y narrativa urbana.

Se debe crear una cultura de la ética y del amor a la vida, que se enseñe pulcritud, orden, amor a la nación y a la familia, acatamiento a las leyes y a los semejantes. Los buenos valores y las antiguas tradiciones del respeto y de la decencia, deben volver. Debemos reaprenderlos e inculcárselos a nuestros niños en los hogares, en las escuelas, en toda la sociedad, para que los venezolanos volvamos a ser ciudadanos de primera calidad humana

Hagamos que las próximas generaciones sean mejores que la nuestra, es decir, que nuestros hijos y nietos sean los mejores ciudadanos que haya tenido este país. Es un reto que tenemos hoy, el construir una sociedad de hombres y mujeres, exitosos, educados y cultos

Hoy queremos hacedores de milagros, es decir, ciudadanos que transformen esta realidad tan difícil y dura que estamos viviendo, romper con este entorno de violencia e intolerancia que está destruyendo nuestra nación.

Nuestros milagros serían el logro de la paz, la necesitamos con urgencia, para reconstruir lo destruido por los falsos ídolos, llenar de amor y concordia todos los corazones, para que volvamos a ser un solo pueblo, con un solo objetivo, triunfar y alcanzar el progreso y la prosperidad.

Hacedores de grandezas debemos ser todos los venezolanos, ya no podemos aceptar entre nosotros aquellos que vienen a dividirnos y a hacernos enemigos entre nosotros. Los hermanos jamás pueden ser enemigos y cuando ello pasa, se debe dar el paso para la reconciliación, el perdón, el olvido de las ofensas. Ninguna sociedad puede desarrollarse ni prosperar, dividida o llena de odio y la nuestra, en estos momentos lo está.

Cada uno de nosotros podemos convertirnos en un hacedor de milagros y de noblezas ¿cómo? Amando a nuestros semejantes, perdonando sus ofensas, deseándole de todo corazón lo mejor, bendiciendo sus vidas, y sabiendo que, si no transitamos este camino juntos y de acuerdo, jamás progresaremos.

A los venezolanos nos han dividido, nos han hecho que nos odiemos, han establecido parcelas ideológicas entre unos y otros, y esto nos ha hecho fracasar como sociedad ¡jamás lograremos la grandeza como nación si seguimos en una guerra de ideas disparatadas entre comunistas y capitalistas! Ambas doctrinas, por lo menos en nuestra Venezuela, están muy apartadas de nuestra realidad social. Hoy se impone el ir más allá de esas viejas y cansadas teorías. El amor, la paz, la cultura, la buena educación, el logro del progreso y la prosperidad, son virtudes y metas urgentemente necesarias en nuestra amada Venezuela. Definitivamente son los milagros y las grandezas que debemos lograr los venezolanos

Ya no es admisible ver en nuestros líderes, la viveza criolla, tan subdesarrollada y subcultural, la mentira descarada, el engaño, la truculencia, la hipocresía y el sarcasmo déspota, pretendiendo que todos los venezolanos somos descerebrados.

El Espíritu de la Nación y el Espíritu de la historia claman y gimen por la resurrección de los hombres y mujeres con llenura de principios y valores morales, espirituales y sociales, como nunca antes los ha tenido nuestra nación. Sólo personas con "mansedumbre y humildad" pero llenos de las grandes virtudes patrióticas, para servir a la Patria y al pueblo de Venezuela. Los grandes bocones, ya los conocemos, los guapetones que, vestidos de rojo y verde oliva, blandiendo un machete, una espada oxidada o un AK-47, retan al mundo, son fósiles de la historia, hombres mediocres, sin inteligencia creativa, para guiar a una sociedad hacía la conquista de la paz, del desarrollo y de los grandes valores patrióticos. Esos, no deben volver jamás.

Con toda nuestra fe esperamos y deseamos renazca una democracia renovada y eficiente que combata verdaderamente la pobreza, la ignorancia, el egoísmo y la decadencia. Esto lo lograremos si nos transformamos profundamente desde adentro hacía afuera, sacando toda la maldad que se ha albergado en nuestros subconscientes como ciudadanos y como sociedad, echando fuera el odio, el egoísmo, las bajas pasiones, persiguiendo como visión profundad de nación el altruismo, el bien común, la solidaridad social, la justicia, el amor, para que definitivamente logremos restaurar a Venezuela y llamar a lo que no es como si lo fuera, pues la palabra pronunciada con Fe, tiene poder transformador y creador, y así Venezuela se convierta en una de las grandes y virtuosas naciones de la tierra.

Como pueblo debemos rendirnos ante el Dios eterno, hacer un pacto delante de su presencia para no desviarnos del camino de las virtudes y de los grandes valores, decididos a caminar rectamente hacía el progreso y la prosperidad social, para que logremos de una vez y por todas transformar la historia de

Venezuela, llena de caudillos y revoluciones armadas que nos ha robado el progreso, la libertad y han producido mucho dolor e injusticias a lo largo de los dos siglos de vida republicana; y, hacer de Venezuela una de las repúblicas más democráticas, libres, prósperas y felices de todas las naciones del mundo.

Para lograr estos grandes objetivos, queremos hombres y mujeres con sentido de abnegación por nuestra patria y dispuestos a dar lo mejor de cada uno de nosotros para llevar a nuestra nación a estrados nunca antes vistos, que con gran inteligencia y eficiencia hagamos cosas magnificas y que lo imposible lo hagamos posible y natural para satisfacción y paz de la familia venezolana.

La sociedad venezolana clama por el surgimiento de hacedores de milagros y grandezas para nuestra nación sedienta de buenas y hermosas noticias. Esas páginas brillantes de nuestra historia están por escribirse.

III
DEBER SER DEL POLÍTICO Y DEL CIUDADANO

Nuestros dirigentes tienen el deber patriótico de cambiar su mensaje, su forma de pensar para transmitir sus mejores y excelentes ideas para la República. Deseamos ver realmente en nuestros políticos el desprendimiento y la inteligencia que se percibe en los héroes que libraron la guerra de independencia. Queremos los venezolanos y en general el pueblo latinoamericano, un liderazgo político de limpio corazón y de espíritu de santidad social, que se conviertan en los grandes promotores e impulsores del logro de las grandes virtudes sociales, morales y espirituales que las naciones latinoamericanas deseamos con todo el corazón.

Ya nuestra historia contemporánea no admite más al mediocre y al mentiroso, que ingresan a la política para alcanzar los grandes negocios de sus vidas. Ya no admitimos más al vivo y al indecente. Hoy y mañana, el ciudadano honesto y sincero, el que trabaja y estudia para superarse y educarse, es el que debe y tiene el derecho supremo a convertirse en el dirigente social, para que cambie el concepto que tenemos los venezolanos de estos señores. Que en el futuro se conozca al político, como sinónimo de ciudadano honesto, sencillo, eficiente, inteligente, y lleno de amor por su nación.

El que aspire a ser dirigente de su parroquia, de su comunidad, alcalde o concejal de su municipio, gobernador de su estado o presidente de la nación, obligatoriamente debe cumplir con los parámetros que establece el Apóstol Pablo en la Primera Carta a Timoteo, en el capítulo 3.-

> "Si alguno anhela obispado buena obra desea. Pero es necesario que el obispo sea irreprensible, marido de una sola mujer, sobrio, prudente, decoroso, hospedador, apto para enseñar, no dado al vino, no pendenciero, no codicioso de ganancias deshonestas, sino amable, apacible, no avaro, que gobierne bien su casa, que tenga a sus hijos en sujeción con toda honestidad (pues el que no sabe gobernar su casa, ¿Cómo cuidará de la iglesia de Dios?). (La Biblia, Antiguo y Nuevo Testamento, Versión Reina-Valera. 1960)

En nuestro caso, entiéndase bien, que el obispo y el obispado, serían para nosotros, aquellos que desean ser dirigentes y ejercer liderazgo político y social. Es una suprema necesidad histórica, que nosotros los venezolanos y en general los latinoamericanos, les exijamos a nuestros dirigentes que cumplan con estos parámetros. En Latinoamérica queremos liderazgos que den excelentes ejemplos, que inspiren respeto y admiración, y se exijan a sí mismos ser personas probas, fieles, sobrias, buenos padres de familias, que desde su ser interior hacía su conducta exterior exhalen rectitud. Pues muchos, demasiados ya, son los que han pretendido y alcanzado el poder, estando podridos por dentro, convirtiéndose en funcionarios pendencieros, altivos, pretenciosos, altisonantes, exhibidores de su poder y del lujo y confort que éste proporciona, siendo ruina morales y espirituales hablantes y andantes.

¿Cuál de nuestros políticos cumple con estos parámetros actualmente?

Los venezolanos debemos comenzar a exigir como requisito fundamental a todos aquellos que pretendan tomar liderazgo en la sociedad, que cumplan con estas características descritas por el apóstol Pablo, que sean los mejores y primeros ciudadanos, para que nos acostumbremos a recibir y dar buenos ejemplos de conducta. Hombres y mujeres intachables en la dirigencia de nuestra nación, eso exigimos los venezolanos.

No seamos más imitadores del mal, cuanto antes, debemos avocarnos a cultivar la belleza, el amor, la mansedumbre, la humildad y la paz. Seamos de ahora en adelante ejemplo para el mundo. Pablo le describe a Timoteo el carácter de los hombres en los últimos tiempos, como amadores de sí mismos, avaros, vanagloriosos, soberbios, blasfemos, ingratos, implacables, aborrecedores de lo bueno que tendrán apariencia de piedad, pero negarán la eficacia de ella. Y finaliza Pablo, recomendando que a éstos los debemos evitar (Segunda Carta Capítulo 3).

Estas reflexiones de Apóstol Pablo de hace dos mil años, están plenamente vigentes hoy día, el pueblo latinoamericano debe evitar a éstos pendencieros, inútiles e infames que llegan al poder para corromperlo y destruirlo todo. Queremos que emerjan e insurjan los mejores hombres y mujeres de nuestra nación, imbuidos de honestidad, decencia, ética, amor a Venezuela verdadero y con una relación íntima con el Dios Eterno, para que no se les olvide que a las leyes y a los hombres los podemos burlar, pero al Dios de justicia y de verdad, nadie le puede mentir. Estas reflexiones son válidas para cada uno de los países de nuestro continente americano, pues por encima del poder del hombre, están el bien común, la justicia, la ética, la paz y la inconmovible presencia de Dios.

¿Cuál es "el deber ser" de aquel ciudadano que se proponga a cumplir el rol de dirigencia social y política? Que adquiera sabiduría e inteligencia, que proponga ideas de progreso y prosperidad para la sociedad, que le presenten al país proyectos convincentes con el cual podríamos encaminar la nación en las próximas décadas. Que exprese fidelidad y pasión patriótica a su mensaje, que logre trascender mucho más allá de su egoísta meta de lograr el poder y alcanzar el sentido profundo de la historia y del porvenir de la nación.

¿Qué esperamos de nuestra dirigencia? Qué sean hombres y mujeres cultos, sabios, inteligentes, pero humildes y mansos de corazón, que dejen la altivez a un lado, que comprendan que son seres humanos y no semidioses, que expiran sudor y secreciones, que hacen sus necesidades naturales y sufren de las mismas penas y alegrías, al igual que el resto de la humanidad. Y desde la sabiduría de saberse seres humanos con debilidades e imperfecciones, comenzar a trabajar como un gran equipo, incluyendo a toda la nación en el profundo proyecto democrático de trabajar incansablemente juntos como hermanos.

Una de las ideas fundamentales de este libro, es tener la intención de transmitir el pensamiento sobre la necesidad de que Venezuela sea una tierra de hombres y mujeres valientes, esforzados, justos, sanos, honestos, que cumplamos con los requisitos de ser buenos sacerdotes (líderes de nuestra sociedad) y que nuestros dirigentes lo sean, pero sin manchas, ni tachas de infamias en sus vidas. Sólo de esa manera, lograremos una Patria llena de virtudes, sin el riesgo de caer en los vacíos dictatoriales que, de cincuenta en cincuenta años, aproximadamente, la nación vive.

El deber ser de toda dirigencia es la de ser maestros de las virtudes y de grandes valores para el resto de la sociedad. Para que los ciudadanos aprendamos a ser tolerantes y amadores de virtudes. Ya no podemos tener más cabida para filosofías y doctrinas absolutistas que apretujan a la sociedad por un tubo con clavos, para llenarnos de miedos, de posiciones guerreristas y de dictaduras destructivas de la libertad y de la democracia.

En febrero de 1815 el Libertador pronunció el discurso de Angostura, todo su contenido es fundamental enseñarlo y aprenderlo desde los primeros niveles de educación hasta las universidades, pues allí Bolívar decantó su inteligencia y su genio y habló al alma y al corazón de la nación y del pueblo venezolano de todos los tiempos. Cito textualmente lo siguiente:

"en el régimen absoluto, el poder autorizado no admite límites. La voluntad del déspota es la ley suprema, ejecutada arbitrariamente por los subalternos que participan de la opresión organizada, en razón de la autoridad de que gozan"

"Uncido el pueblo americano al triple yugo de la ignorancia, de la tiranía y del vicio, no hemos podido adquirir ni saber, ni poder, ni virtud. Discípulos de tan perniciosos maestros, las lecciones que hemos recibido y los ejemplos que hemos estudiado, son los más destructivos. Por el engaño se nos ha dominado más que por la fuerza, y por el vicio se no ha degradado más bien que por la superstición. La esclavitud es la hija de las tinieblas; un pueblo ignorante es un instrumento ciego de su propia destrucción"

"Un pueblo pervertido, si alcanza su libertad muy pronto vuelve a perderla; porque en vano se esforzarán en mostrarle que la felicidad consiste en la práctica de la virtud; que el imperio de las leyes es más poderoso que el de los tiranos, porque son más inflexibles, y todo debe someterse a su benéfico rigor: que las buenas costumbres, y no la fuerza, son las columnas de las leyes: que el ejercicio de la justicia es el ejercicio de la libertad"

"Muchas naciones antiguas y modernas han sacudido la opresión, pero son rarísimas las que han sabido gozar de algunos preciosos momentos de libertad: muy luego han recaído en sus antiguos vicios políticos; porque son los pueblos, más bien que los gobiernos, los que arrastran tras sí la tiranía. El hábito de la dominación los hace insensibles a los encantos del honor y de la prosperidad nacional, y miran con indolencia la gloria de vivir en el movimiento de la libertad, bajo la tutela de leyes dictadas por su propia libertad"

"Sólo la democracia, en mí concepto, es susceptible de una absoluta libertad" (Helmund Tello, Cumbres de Gloria, Caracas 1958, Tomo V, p.p. 336-337).

El presidente Rómulo Betancourt lo expresó de esta manera:

"estamos dándole una batida a fondo, una ofensiva implacable a lo que es lastre mayor que gravita sobre los hombros de este pueblo: la ignorancia..." "Llegaremos al cabal equilibrio de nuestra vida institucional; llegaremos a ser realmente un pueblo digno de su fascinante historia cuando hayamos eliminado de nuestro país todo sedimento de ignorancia que le ha dejado la irresponsabilidad de los desgobiernos" (BETANCOURT, Rómulo. <u>La Revolución Democrática en Venezuela</u>. Documentos del Gobierno Presidido por Rómulo Betancourt. 1959-1964. P.29)

DEBER SER DE LOS MEDIOS DE COMUNICACIÓN

Nuestros medios de comunicación y las redes sociales tienen la obligación moral de ofrecer más altruismo, más cultura y más educación. Deberían constituirse en promotores de la recuperación moral y espiritual de Venezuela.

Los medios de comunicación podrían ser los grandes protagonistas del gran cambio que se debe gestar en la población venezolana. Todo aquél venezolano que tenga a su disposición la forma de transmitir ideas, busque en las profundidades del buen ser, olvidándose de sus intereses, de sus bajas apetencias y de su exclusiva individualidad y trasmita lo mejor del ser humano al resto de la sociedad.

Es mi sincera opinión que los medios de comunicación deben dejar de transmitir primordialmente, sensualidad, violencia, muerte, droga y prostitución. La sociedad venezolana está sedienta de valores y moralidad.

Muchos pensarán que, si dejan de transmitir estos tipos de programas, entonces la televisión será muy aburrida, pero no es así, lo que nos ha sucedido es que nos hemos acostumbrado a la decadencia, como modelo. De tanto que se nos ha impuesto, hemos aceptado totalmente esa subcultura desnaturalizadora del bien, la cual debe ser cambiada por el respeto a la vida, a la paz y a la belleza.

Una tarea, profunda e importante, de los medios deben comenzar para coadyuvar en la construcción de una sociedad altruista, inteligente y bien informada, he allí el reto de los medios.

En la ruidosa y veloz sociedad actual del siglo XXI, no tenemos momentos íntimos de meditación para analizar lo que hacemos o lo que observamos, sólo corremos al veloz ritmo del mundo. Le huimos a la soledad, pues en muchos aspectos no queremos reencontrarnos con nosotros mismos, algunas veces no da pavor de no ver nada en nuestro interior, entonces nos ahogamos con ruido y nos hemos sumergido en la pantalla chica del del celular y en la pantalla grande de la TV, para huir de lo que verdaderamente somos, simples seres humanos, con carencias y debilidades.

Para cambiar el mensaje desalentador que nos han disparado al alma durante décadas, necesitamos hacer un gran esfuerzo para levantarnos como sociedad para emprender el camino hacía el éxito y restaurar una nación sana, pacífica, honesta, informada y culta, que vaya dirigida hacia el progreso y la felicidad.

Los medios de comunicación de Venezuela deben ahondar en las verdaderas e interesantes mensajes que pueden y deben comunicar. Pues vienen tiempos de cambios en nuestra sociedad, pero definitivamente deben ser para superar nuestros complejos, nuestros graves defectos como pueblo y todos debemos ser instrumento de restauración nacional.

Hay un excelente ejemplo de la gran contribución que pueden hacer los medios de comunicación, en un espacio radial colombiano que se llama "La Dosis Diaria" que lo conduce el locutor William Arana, quien cada día transmite mensajes de paz, de amor, de intimidad con nuestro Dios y sus dosis diarias se transmiten por las ondas hertzianas de la radio y por WhatsApp, a millones de personas en el continente, causando un efecto grandioso en aquellas personas que oyen sus mensajes. William Arana es un locutor como cualquier otro que se gana la vida éticamente con su voz y sus mensajes radiales, pero al mismo tiempo se diferencia de miles de locutores porque está causando un impacto profundo en la mente y en corazón de miles de oyentes. Otro excelente ejemplo de buena televisión es "Vale TV" en Venezuela que cumple una labor de información y cultura de excelencia. Por tanto, si se puede transmitir excelentes mensajes y continuar siendo un buen negocio el medio de comunicación social. Sólo es aprestarnos a ser valiosos y útiles a nuestra sociedad.

PLANIFICAR EL DESARROLLO Y EL PROGRESO

Venezuela quiere gobiernos eficientes de verdadera democracia, que respeten la constitucionalidad y las leyes, que no manipulen ni se apoderen de los poderes constituidos, para instaurarse como dictaduras de la pobreza y la ruina. Es necesario proponer un plan de desarrollo y progreso que trascienda los gobiernos coyunturales y vaya más allá de cualquier período presidencial, hay que elevarse con mucha sabiduría para desarrollar la visión del futuro de progreso y prosperidad para nuestra Venezuela, pero en libertad, autonomía e independencia plena.

El chavismo ha sido una carga muy pesada, que ha hecho retroceder en más de cien años el desarrollo y el progreso de Venezuela y constituye parte de ese pasado, que es más decadente y anquilosado que lo peor de los partidos de la democracia venezolana, porque evoca y se fundamenta en una doctrina totalmente inepta y dictatorial como lo es el comunismo, lo que ha hecho que Venezuela sea más subdesarrollada que hace treinta años.

¿Cómo queremos que sea nuestra nación en los próximos cincuenta a cien años? Es necesario superar el límite del pensamiento y comenzar a construir mental y espiritualmente la Venezuela que queremos y necesitamos. Hoy más que nunca requerimos hombres y mujeres que sean sabios y vayan mucho más allá de la pura y tozuda consecución del poder. Cómo dijo una vez Luís Vicente León "necesitamos héroes" que no persigan su propia gloria, sino la de nuestro pueblo, que no ansíen enriquecerse a costa de los dineros del erario público, que no tengan sed insaciable de poder. Héroes que sólo tengan en mente y espíritu engrandecer a esta Patria y llevarla a niveles de progreso y paz, nunca antes vistos en nuestra historia republicana.

Son urgentes grandes y hermosas ideas democráticas que hagan posible la construcción de una sociedad llena de optimismo en el futuro. Pero estas ideas surgirán en estos próximos años, y las mismas deben ser oídas y sopesadas. Saldremos (quizás para cuando se publique este libro, ya lo hayamos hecho) de la oscuridad de un gobierno lleno de violencia y desorden que nos ha dividió como ciudadanos. Pero ahora es necesario que se permita el surgimiento de una nueva dirigencia, que oxigenen la democracia que ha de surgir en estas próximas décadas. Toda la vetusta y oxidada dirigencia debe dar paso a los héroes que vienen con empuje con fuerza y con grandes proyectos a asentar las columnas de una democracia que debe rebozar de éxito de aquí en lo adelante, progreso, paz, prosperidad y bienestar para todos los venezolanos.

Ahora es el tiempo de la reconciliación, del amor fraterno entre los venezolanos, de nuevas concepciones democráticas que impulsen el desarrollo y la libertad de las regiones para darse a sí mismas el rumbo que escojan, siempre dentro del marco constitucional y de la unidad nacional de nuestra nación. Necesitamos normas que den seguridad y paz para lograr el desarrollo y el progreso de toda la sociedad.

Nuestra nación necesita un rumbo, democrático, libre, alternativo y que asegure el desarrollo orgánico, sostenido y ordenado de todos los sus componentes. Es urgente que cada fuerza viva de la nación confluya con las otras, con los vecinos, con las comunidades organizadas, con las cámaras de comercio y con cada grupo que esté interesado en el bienestar nacional, para que demos a Venezuela una vía segura, recta e inquebrantable de desarrollo y crecimiento.

Otorgar a las regiones más autonomía para decidir sus propios planes de desarrollo, que estos planes, una vez elaborados y propuestos a la nación, se respeten, se cumplan y se ejecuten en el tiempo y en el espacio, es una manera de fortalecer la democracia y de hacerla mucho más eficiente

Es así como proponemos que cada estado del país tenga la atribución legal, dada por norma constitucional, de crear y establecer sus propios planes de desarrollo, que quiera y necesite. Esto no es una quimera, es un orden necesario. La tragedia de los venezolanos, es que cada gobierno de la era democrática, llegaba con un plan de desarrollo nuevo, y todo lo anterior, así fuera lo mejor, era desechado y cambiado, por a veces, otros planes mejores, que funcionaban, pero muchos, por verdaderos elefantes blancos, que retorcían el camino de la economía, de la sociedad, que retrasaban el desarrollo del país, que quitaban poder democrático al pueblo.

De esta manera, se fue creando un profundo vacío de desarrollo concertado en la nación, ya el pueblo venezolano, ansioso de ver efectividad, eficiencia, crecimiento económico, verdadera lucha en contra de la creciente e impune corrupción, fue viendo a los grandes y pequeños partidos de Venezuela como un nido de personas inescrupulosas e ineficientes. Antes de 1998, los ciudadanos pedíamos a gritos un nuevo liderazgo social y político, pues el vació y la carencia de este tipo de dirigentes era abismal.

La carencia de olfato político de los partidos y de sus dirigentes en las décadas de los 80 y 90, la impericia e imprudencia de ver más allá de sus sillones en los burós de las organizaciones políticas, les impidió ver que íbamos hacía el abismo antes de 1999. Pronto, nos daríamos muy duro. Pues en el momento de escribir estas notas, estamos dentro del marasmo, en el fondo del barranco, luchando contra uno de los regímenes más decadentes, ineficientes y corruptos de toda la historia democrática de la nación. Este es el fondo del abismo, pero hemos comenzado, gracias a Dios, con mucha fuerza y esperanza a subir hacía el borde del mismo, con una generación de jóvenes dirigentes, que han emergido del seno de nuestra sociedad y quienes sin duda alguna gobernarán a Venezuela en las próximas décadas.

Pero salir del fondo, es un camino lento, largo y tortuoso, que requiere de la máxima concentración, de la mayor claridad de los venezolanos, de un gran ímpetu para recuperar la mejor de las democracias. Es un reto, el mayor que enfrentamos los venezolanos, aquí debemos, como obligación histórica, dejar de lado las banalidades, la conducta superflua, y enseriarnos como ciudadanos para conquistar la grandeza, la libertad y la verdadera democracia de nuestra nación.

En ese sentido, sugiero para una nueva Constitución Nacional, una norma constitucional que nos obligue a todos a pensar, en la nación que queremos en los próximos 50 a 100 años de vida democrática, a manera de ejemplo, de la siguiente manera:

Artículo. - «Los poderes públicos constituidos, los municipios y los estados, junto a todas las fuerzas vivas de la nación, durante los próximos 10 años, luego de dictada esta Constitución, tendrán la obligación de crear el Plan Nacional de Desarrollo, mediante el cual se decidirá el rumbo que cada región de la República desea para sí y todo lo concerniente al desarrollo y vida de la nación venezolana»

Artículo. - "Cada estado de la República, junto a sus municipios se dedicarán a desarrollar el plan de desarrollo de sus respectivas regiones. Luego aprobados dichos planes de desarrollos regionales, se firmará un contrato social entre los representantes de los poderes públicos del Estado y los representantes de los poderes públicos de cada estado y el mismo se hará de obligatorio cumplimiento para las partes»

Artículo. - «Una vez aprobados los diferentes planes nacionales, regionales y municipales, por toda la población de la República, por todos los miembros de cada estado y/o municipio, se suscribirá el contrato social con el Estado venezolano, en los que ningún poder constituido o funcionario, podrá modificarlo, a menos que se haga por otro referendo, para cada caso, que no se podrá realizar, antes de los próximos 20 años siguientes al último»

El espíritu y propósito de una normativa de este estilo, sería que el pueblo venezolano, los poderes constituidos y las fuerzas vivas de la nación asuman la obligación de establecer en forma ordenada y mediante un instrumento jurídico con todas las formalidades legales y constitucionales, el plan de crecimiento y progreso para el porvenir, de cada región, estado, municipio y de la nación entera.

Es necesario que el ciudadano venezolano entienda que debe tomar el futuro de la nación en sus manos, que se debe dejar de depender de la buena voluntad, de la inteligencia o de la sabiduría de los políticos, en los que muchas ocasiones, si no en la totalidad, son extintas, totalmente estas cualidades.

De igual manera, se quiere evitar que los sucesivos gobiernos, corrientes políticas y/o sociales, que en un momento determinado pueden ser ocasionadas por eclosiones sociales, tengan prohibido constitucionalmente modificar el plan de desarrollo que se trace la nación, para de esta manera evitar los contrasentidos e involuciones de ciertos gobiernos.

En el contrato social de las regiones con el Estado, que adquiría carácter de norma constitucional, se ha de privilegiar los planes y metas que estarán dirigidos a salir de la pobreza, es necesario que todas las fuerzas vivas de la nación se avoquen a crear riqueza social, y riqueza material para el padre y la madre de familia.

Los venezolanos estamos obligados a obtener un orden constitucional que garantice y obligue al Estado y a sus componentes en mantener una sola y definitiva línea de desarrollo, respeto y una democracia sana. Para que los planes, metas y objetivos nacionales, se cumplan en el tiempo y sean aplicados por los sucesivos gobiernos y por todos los poderes constituidos, independientemente de la corriente democrática, que éstos sean.

IV
UNA NACIÓN CONSERVACIONISTA POR AMOR.

El mundo de hoy ha llegado a una encrucijada que puede ser terrible para la supervivencia planetaria, la contaminación, el efecto invernadero, el derretimiento de los polos, el recalentamiento global. Además de ello, la destrucción de la selva amazónica en Latinoamérica, que es uno de los grandes pulmones de la tierra, nos están llevando a terribles y catastróficas consecuencias, que las podremos ver en cincuenta a cien años. El planeta se enfrenta por efecto de la contaminación del hombre, a su destrucción, los científicos estiman que, en las próximas decenas de años, la vida tal y como la conocemos, desaparecerá o se modificará profundamente. El hombre tendrá que someterse a nuevos rigores de la naturaleza, a su furia. Hemos enfermado a la Tierra y debemos pagar las consecuencias.

Siendo esto tan grave y crucial, todos los gobiernos de la tierra tienen que volverse conservacionistas por obligación, y por instinto de preservación. Venezuela, por supuesto, no es la excepción, tenemos que concienciar e interiorizar como nación, que debemos proteger y fomentar el medio ambiente.

EL AMAZONAS: La selva amazónica venezolana debe ser protegida, por encima de los grandes intereses económicos de las grandes compañías del oro, de los diamantes y de la madera. Debe ser combatida la práctica ilegal de esta explotación, pues todo esto, ha producido muchas riquezas y ha hecho a muchas empresas y a hombres multimillonarios, pero se está destruyendo la vida vegetal, animal y las aguas de esta zona de nuestra nación y del mundo. La explotación de minerales preciosos en el Amazonas ha acabado con la vida de sociedades indígenas enteras milenarias, ellos han sido desplazados, contaminados y desarraigados de sus tierras y los vemos en nuestras ciudades, tirados en las calles, madres y niños indígenas como indigentes, desamparados, sus hombres comerciando con sus productos autóctonos por las calles, silenciosos, pero sufridos, desarraigados y empobrecidos, mientras grandes intereses nacionales e internacionales se han apoderado de sus tierras ancestrales y las han destruido, sin ninguna conciencia ni amor por estos venezolanos que a nadie parece importarles.

La explotación legal y por su puesto la ilegal de minerales preciosos, deben ser llevadas a la obediencia de las leyes de la naturaleza, por encima de todo, debe prevalecer la conservación y la supervivencia de la flora, de la fauna y de los venezolanos que han vivido esta porción rica de vida en nuestra nación. Jamás debería prevalecer dentro de un Estado, el interés por la obtención de las riquezas, si con ello se está acabando con la vida del planeta entero, es absurdo, que mientras sabemos realmente que lentamente estamos produciendo nuestra propia extinción, seguimos adelante rompiendo, destruyendo, desgarrando la capa vegetal y contaminando las aguas y los suelos, pero sabemos que nos estamos suicidando, pero lentamente nos hundimos el puñal hasta lo más hondo las entrañas de nuestra Tierra.

LAS AGUAS: Los ríos a nivel nacional han sido contaminados, los lagos como el de Valencia y el lago Coquivacoa o Lago de Maracaibo, han sido destruidos por la contaminación. No hay ni conciencia, ni amor por estos grandes y hermosos recursos, no renovables Las aguas están destinadas a ser destruidas por el hombre, y éste actuando como el animal más irracional, lo cual va a causar las más terribles y destructivas consecuencias de todos los tiempos de la humanidad.

Es obligatorio que rescatemos nuestras fuentes de agua dulce, las descontaminemos y las protejamos, para que aseguremos que dentro de 100 años tengamos agua en abundancia y de buena calidad. Esto sólo se logrará, creando programas de conservación y amor por la naturaleza y por nuestras fuentes de aguas de toda la nación.

Si el hombre persiste en su conducta auto destructiva, el mundo no tendrá agua potable en escasas decenas de años. Habrá hambrunas mayores de las que la humanidad ha presenciado, pestilencias, guerras e invasiones por apoderarse del agua que todavía fluya, crueldad y dolor en el mundo, pues si no hay agua, no habrá vida, ni paz, y todo será seco, doloroso y mustio.

Los venezolanos hoy tenemos abundancia de agua, pero la dejamos perder, contaminamos los ríos, como el Guaire, el Albarregas, el Manzanares, el Orinoco, El Chama y tantas hermosas quebradas, que, en vez de servir de reservorios de agua dulce potable, la malgastamos y la contaminamos, como los peores administradores de lo que Dios nos regaló, la hermosa y rica tierra venezolana.

El desperdicio de agua, comienza desde nuestros hogares, ¿Cuántos de nosotros no tenemos tuberías rotas, llaves dañadas, herrajes de pocetas inservibles, que no nos importa? Mientras que otros venezolanos están sedientos. ¿Cuántos de nosotros no somos capaces de dejar una llave o una manguera abierta toda una noche y todo un día, botando agua sin que nos duela la perdida de ese vital líquido? La conciencia y la honestidad nos reclaman a todos por nuestra falta de amor y compromiso con nuestra bendita tierra.

La restauración de los valores nacionales, como prioridad de sobrevivencia histórica, debe incluir el convertirnos una nación conservacionista, profundamente amante de la naturaleza y de todas las riquezas naturales de nuestro suelo. Cada venezolano debe lograr convertirse en un defensor acérrimo del medio ambiente, y ello comienza por ser cuidadosos desde nuestros hogares, sabiendo que de la manera como eliminamos nuestros desperdicios sólidos y como vertemos los líquidos, estaremos contribuyendo a conservar y a purificar nuestro medio ambiente o a condenarlo a la contaminación. La cultura conservacionista debe impartirse desde las primeras etapas de la educación y continuar hasta los estudios superiores. De nuestra consciencia y de nuestro amor como pueblo depende que sigamos siendo un país con excelentes reservorios de agua y de una naturaleza exuberante.

La Sierra de Perijá.

La Sierra de Perijá ese hermoso y frondoso manto de naturaleza y abundancia de fauna, está en el ojo de los hambrientos hombres de negocio que están buscando energía para financiar la gran máquina de destrucción del medio ambiente del mundo. Los bosques de la Sierra de Perijá pueden ser destruidos y estos suelos convertidos en un desierto contaminado, lleno de hollín negro proveniente de la explotación del carbón, con lo cual se contaminarán todas las aguas, y asesinarán miles de hectáreas de vida en la región zuliana. Todo por explotar ese mineral que allí se encuentra, sin importar el incuantificable valor que tienen esos bosques y esas aguas para nuestra propia vida y todo lo que la naturaleza ha invertido por millones de años para construir ese reservorio de vida.

La explotación del carbón le causaría el más terrible e irreparable daño ecológico a ese bosque tropical, viéndose las consecuencias funestas de esta masacre contra la naturaleza, sobre todo en la población del estado Zulia y a la ciudad de Maracaibo. Pancho López en un reportaje para la página de internet "aporrea" comenta:

"Que Venezuela posee el 0.5% de las reservas del carbón mundial y su extracción causará daños a la salud y al ambiente tales como: Cada tonelada de carbón que se extrae equivale a destruir aproximadamente 70 toneladas de bosque, agua y biodiversidad. Incremento de enfermedades tales como neumoconiosis que mata al ser humano. Aumento de 1 a 2,5 grados en la temperatura del Zulia, según los científicos Miguel Petriangelli y Carlos Portillo.

Maracaibo quedará sin agua al secarse los embalses de Manuelote y Tulé que son los que surten de agua a la ciudad, al ser taponeados los ríos que llegan a los mismos, por extraer el carbón depositado en sus lechos.

La construcción del Puerto América por donde sacarán el carbón al norte del Golfo llevará a la muerte del lago.

Se destruirá una de las reservas biológicas más importantes compuesta por más de 1300 especies de fauna. Se perderá más del 50% de agua dulce que llega a la ciudad de Maracaibo. Se dragarán los ríos de Oro y Catatumbo para permitir el paso de gabarras desde y hacia Colombia". (http://www.aporrea.org/actualidad/a17069.html.)

Y estas consecuencias tan terribles son apoyadas por grandes funcionarios del Estado, que sólo ven la generación de divisas para el país, sin analizar el daño tan grave y profundo, no sólo sobre Venezuela, sino sobre toda la Tierra.

Es allí, donde debe haber un profundo y severo cambio de mentalidad en los funcionarios del Estado, que tienen el poder de otorgar concesiones de explotación de nuestras riquezas minerales. Estos deben ser hombres y mujeres comprometidos con la sobre vivencia de la naturaleza y la conservación del medio ambiente, pues de lo contrario con cada concesión para explotar carbón, oro, diamantes, petróleo o madera, estamos siendo copartícipes del homicidio de nuestro medio ambiente. Y este crimen, todo lo pagaremos y muy caro.

¿A que nos conducirá esta destrucción del medio ambiente? A

que en pocos años tengamos un país semidesértico, sin bosques, sin ríos, con lagos muertos por la contaminación, sin represas para almacenar el agua potable, pues si la capa forestal y vegetal se destruye, el agua se secará y los ríos se extinguirán irremediablemente. Nuestros descendientes heredaran la peor hechura de nuestras manos, un país destruido, seco, sin bosques.

Esto es un panorama desolador, no sólo para el mundo sino para nuestra nación.

¿Qué hacer? ¿Cómo prevenir esta futura destrucción de nuestro suelo?

Haciéndonos una nación y un pueblo conservacionista, amante de la naturaleza, decididamente protectores de nuestra selva, de nuestras aguas, de nuestros suelos, pues de lo contrario, en cincuenta años no vamos a tener nada, sólo un triste recuerdo de la hermosa naturaleza que matamos. Un desierto por los cuatro costados de la nación y sin aguas para beber.

¿Cómo comenzar? Por educar, en primer lugar, a todos los venezolanos, e involucrarnos todos, en los planes de salvación y conservación de toda la naturaleza; en segundo lugar, dictando leyes más severas y profundas para obligar a propios y extraños a respetar esa conservación y protección de nuestra naturaleza. Que el Estado deje de otorgar concesiones para explotar las riquezas minerales indiscriminadamente, solo por el afán de lucro y de divisas. Por encima de las divisas y del lucro personal, debe estar el amor a la abundante vida de los grandes y frondosos bosques y selvas venezolanos.

Que se establezca la obligación de la conservación y preservación del medio ambiente de la nación, como principio de supervivencia nacional.

De esta manera detendremos la contaminación de las ciudades, de los ríos y mares y lagos; repoblaremos el Amazonas y la Sierra de Perijá, de sus especies naturales y declararemos éstas como patrimonio de la nación y del mundo. Superponer la vida en estas regiones, sobre los intereses nacionales y transnacionales de la explotación de las riquezas minerales y madereras.

Ahora es el momento de comenzar la protección, fomento y desarrollo de toda la flora y la fauna, de las aguas y del ambiente en general en Venezuela y en el mundo en general. Mañana va a ser muy tarde. Es por ello que debe haber una descentralización eficiente y aún más profunda, para que el todopoderoso gobierno central ceda espacio y sus tentáculos sean recortados, así los gobiernos municipales y regionales podrán y tendrán la obligación de cumplir con esta obligación histórica, compelidos por la presión ciudadana, para dirigir la atención decidida hacía la naturaleza y la descontaminación del medio ambiente.

Allí debe estar el pensamiento de un nuevo liderazgo social y político de la nación, que su atención sea mucho más amplia, inteligente, y amorosa hacía el suelo patrio, que no solo estén las metas y los fines de siempre, de lograr sólo el poder y la gloria personal, sino que haya más capacidad de entender y comprender, que el futuro liderazgo que surja en Venezuela tiene mayores retos, porque obligatoriamente nos enfrentamos a un mundo muy contaminado y lastimado por el hombre, dónde el egoísmo y los grandes intereses por el lucro y la riqueza del hombre han destruido la obra de Dios, en los últimos 80 años.

Las ciudades y municipios donde hay ríos, deben comenzar como principio de existencia primordial, a descontaminar éstos, a dejar de verter los desechos orgánicos allí, y volverlos límpidos. ¿No sería buena idea que Caracas limpiara su río Guaire? Que ¿Mérida convirtiera el río Albarregas en un balneario, como lo fue hace muchas décadas? ¿O se conservarán más límpidas las aguas del río Chama? ¿Por qué no se ha hecho? ¿Por qué desperdiciamos esas aguas tan valiosas llenándolas de nuestros desechos orgánicos? ¡Dentro de 80 a 100 años cuando el mundo carezca de agua potable, estos ríos van a ser más valiosos que el oro fino! Comencemos ahora mismo a limpiar y volver potables las aguas de esos ríos que pasan por las ciudades venezolanas. Es necesario, es urgente.

Le hemos dado más importancia a nuestros desechos orgánicos que a la propia vida. El agua es vida dice el slogan, pero la desperdiciamos por millones de millones de litros. Aguas arriba, debería hacerse represas de los ríos que cruzan las ciudades. Arborizar sus riberas, proteger los bosques, sus faunas, sus aguas, la vida debe ser protegida. Ese es nuestro buen futuro, de lo contrario, será nuestra peor pesadilla.

Definitivamente es una obligación de sobrevivencia para nosotros y para nuestras futuras generaciones, que nuestra nación y el Estado venezolano seamos conservacionistas y amemos por sobre las riquezas y las divisas que los minerales producen, a nuestra bella y maltratada naturaleza.

DESCONTAMINACIÓN AMBIENTAL. –

Los venezolanos debemos abrazar la cultura de la protección hacía el medio ambiente, todavía estamos a tiempo para hacer de todo el territorio nacional un ambiente protegido y máximamente libre de contaminación ambiental.

Es indispensable para la vida de la nación y de la humanidad, que los sucesivos gobiernos se transformen en activos protectores del medio ambiente. Se legisle para eliminar **el excesivo ruido** de las ciudades, pues éstas se han llenado de contaminación sónica, que está produciendo una generación sorda y estresada, lo cual hay que detener.

Es urgente que se obligue a los propietarios de vehículos: a). - Eliminar las cornetas agudas; b). - Que se prohíba el uso repetido de cornetas en las vías. La meta es que nuestras ciudades sean sitios agradables para la convivencia y la paz ciudadana; c) Que se prohíba la música o el ruido de los aparatos de sonido de altos decibeles en las zonas residenciales.

Se establezca un eficiente método **de recolección de basura**. Debe fortalecerse las leyes y reglamentos vigentes en esta materia, mediante las cuales se: 1.- Imparta como obligación para la educación ciudadana en esta materia, comenzando desde la escuela primaria; 2.- Se produzcan normas que castiguen con seriedad la inconsciencia y el desorden ciudadano, para que las comunidades se vuelvan más límpidas y ordenadas; 3.- Entre la educación ciudadana debe impartirse el reciclaje de desechos sólidos, su división en residuos orgánicos e inorgánicos, para así maximizar su recuperación y evitar la contaminación del ambiente su aprovechamiento; 4.- Que se formulen políticas de Estado que fomenten el reciclaje y se desarrolle la tecnología para sacar de los desechos "energía". Los desechos, se han convertido en un gran negocio, que nosotros por falta de previsión, lo estamos desperdiciando.

Estos métodos son esquemas que los gobernantes y los ciudadanos debemos desarrollar en forma urgente para transformar a Venezuela en un país moderno. El Estado, como inversión de salud y bienestar, debe dedicar todos los recursos para que se desarrollen múltiples plantas de reciclaje de desechos sólidos, otorgando su explotación a la empresa privada.

La descontaminación del medio ambiente es un tema que debe estar metido en todas las agendas económicas, sociales y políticas, pues esto no sólo es tarea de unos locos soñadores (yo los llamo héroes atrevidos) que les dio por llamarse verdes, que andan por el mundo como don quijotes y sanchos panzas luchando contra las grandes corporaciones contaminantes del mundo. Realmente el hombre con su humanización sin amor está acabando con el planeta. Y en Venezuela estamos contaminando tanto como lo hacen los grandes países industriales. Para nuestros planificadores este tema se debe convertir en uno de sus principales temas. Para los aspirantes a gobernar la nación, debe estar en sus planes de gobierno.

El Estado debe ser conservacionista y protector del medio ambiente, allí está la riqueza y la sobrevivencia del futuro cercano y lejano. Hoy, la tecnología ha revolucionado el mundo en progreso, pero también en poder destructivo. El hombre tecnológico de hoy es centenas de veces más adelantado en su ciencia y capacidad de crear que el hombre de los siglos XIX y principios del XX, pero la mentalidad política de los gobernantes, por lo menos en lo que se refiere a Latinoamérica, es la misma que la de los hombres que lucharon por nuestras independencias, no se han renovado y menos aún, no han progresado, siguen creyendo que están montados en los caballos con sus oxidadas espadas peleando contra los conquistadores españoles y contra un imperialismo de la guerra fría, que son la excusa perfecta para no producir nuevas ideas ni lograr el progreso, la paz ni la felicidad en nuestros países.

La contaminación y el desastre ecológico que estamos produciendo a nivel mundial, es el verdadero enemigo que está acabando con la naturaleza y el ambiente de las naciones, por la profunda depredación del medio ambiente. Increíblemente ante la gran evidencia que somos nosotros la raza humana quien está acabando con el planeta, no logramos ponernos de acuerdo en reducir la contaminación, pesa más la explotación de las riquezas que la conservación de la naturaleza, sino reaccionamos a tiempo llegará un momento que será irreversible la destrucción, la sequía y esa será la herencia que le dejaremos, tristemente a nuestros nietos.

Es hora del amor supremo hacía nuestra patria, de poner todo el empeño en ocuparnos del medio ambiente y dejar a un lado sólo el amor a la lucha por el poder y por la gloria y la riqueza individual y ser más bondadosos con nosotros mismos y fieles a nuestra tierra amada. Logra esta conciencia requiere un nivel de altruismo que debemos lograr, apropiarnos de ética, de desinterés individual, poner énfasis supremo en el bien común, apartar de nosotros el lucro personal y ser verdaderamente sabios, pues si no logramos salvar y restaurar nuestro suelo latinoamericano en general, entonces, de nada valdrá todo aquello que hayamos logrado en nuestro propio beneficio, pues estamos navegando en una nave y si esta se hunde lo hacemos con ella pero si navega por encima de las olas remozada, con buen sistema de navegación y conducida por excelentes capitanes y marineros, todos los que estamos abordo seremos salvos y llegaremos a buen puerto.

CURAR LA SED DE LA NACIÓN.

El territorio venezolano está lleno de fuentes de agua, somos una nación bendecida por los múltiples afluentes de agua dulce, ríos, lagos, manantiales, pero paradójica e inexplicablemente somos un país cuya población tiene carencia de un buen servicio de agua, esto demuestra la poca o ninguna inteligencia de los gobernantes venezolanos de los últimos veinte años. En primer lugar, es esencial rescatar los embalses existentes, modernizarlos, limpiarlos e introducir tecnología y ciencia actual en ellos, modernizar el sistema de bombeo y de las plantas de tratamiento, para que el servicio de agua potable vuelva a fluir.

El autor de esta obra, va a tomar prestada, una brillante idea de los ingenieros Gustavo Uzcátegui y Joseba de Ondiz, quienes lideran el Proyecto "Grupo Orinoco" especializado en energía y ambiente, ellos proponen un proyecto para curar la sed de la República, que debe tomarse en cuenta. El ingeniero De Ondiz dice: "Se puede traer el agua del río Orinoco en cuatro o cinco años. Si ponemos un canal revestido de concreto de 50 metros de ancho en una profundidad de 1,80 metros, con una pendiente de 2 metros cada 10 kilómetros con escalones sucesivos, una estación de bombeo, el canal puede llevar 100 metros cúbicos por segundo hasta el lago de Valencia desde el río Orinoco" (www.elnacional.com)

En estas líneas, queremos proponer rescatar ese proyecto, pero complementándolo con la protección de todas las cuencas hidrográficas de la nación, con la siembra de millones de árboles, descontaminando las aguas, los suelos y protegiendo decididamente todo el medio ambiente dónde nacen y se desarrollan los ríos y fuentes de agua en la nación.

Con un proyecto para llevar agua potable de los ríos venezolanos a occidente, centro, sur y el oriente de Venezuela, donde se proteja a la naturaleza, pero se haga con toda la tecnología y la ciencia necesarias, se curará la sed de la nación y ningún hogar venezolano tendrá carencia de agua nunca jamás.

Este plan debe incluir descontaminar los ríos y lagos que están dentro de las ciudades, como el río Guaire, que fue convertido insensiblemente en un desecho de toda la ciudad de Caracas, y contamina las costas del mar donde descarga sus aguas.

Así mismo el río Chama y el río Albarregas del Estado Mérida, el lago de Valencia y el lago de Maracaibo, deben ser descontaminados para que sus aguas puedan volver a ser límpidas. Definitivamente debemos pensar como ciudadanos inteligentes que amemos nuestra naturaleza y devolverles a nuestras aguas la integridad natural y la limpieza que se merecen, y reordenar la descarga de desechos líquidos hacía depósitos en los que no contaminen el medio ambiente de la nación. Esas aguas son una riqueza inmensa e incalculable, que la estamos asesinando cada día por nuestra inconciencia social.

En las próximas décadas los venezolanos nos debemos dedicar a "curar la sed de la nación" desarrollando el gran proyecto de repoblar de naturaleza y árboles todas las cuencas hidrográficas del territorio venezolano y llevando el agua de nuestros ríos a los hogares de todos los venezolanos, utilizando tecnología moderna e ingeniería hidráulica, amparado ese plan con un proyecto serio y de avanzada, lo lograremos

V

CREACIÓN DE RIQUEZA E IMPULSO A LA ECONOMÍA.

"Es la economía estúpido"

"En la campaña presidencial de Bill Clinton de 1992, se popularizó la frase "Es la economía estúpida, es la economía" Esta frase revolucionó la campaña del joven político, que competía con el viejo George Bush, y lo venció. James Carville, asesor de Clinton, creó el slogan, con otros puntos importantes, como: "Cambio vs más de lo mismo" "es la economía estúpida" y "no olvides el sistema de salud" (http://es.wikipedia.org/wiki/eslaeconomiaestúpido).

Realmente el Sr. James Carville creó en una frase precisa, un principio que ha influido en la sociedad de este tiempo, la cual llegó al corazón del pueblo norteamericano. La economía es un tema muy serio para todo gobierno, y cualquier gobernante que no lo tome así, cae dentro de ese postulado, se convierte en un estúpido; y, por tanto, generador de grandes problemas para su nación.

El error profundo del gobierno socialista de Hugo Chávez Frías y el de su terrible sucesor Nicolás Maduro, es pretender que lo político tiene que superponerse a todo lo demás y por supuesto a la economía. Ellos han tenido como único afán la consecución y mantenimiento a ultranza del poder, pero han destruido la economía y la libre empresa, de las que, la revolución chavo-madurista se convirtió en enemiga acérrima.

La enemistad entre los gobernantes y la economía, es de regímenes decadentes, ignorantes y deficientes. Una democracia moderna, debe ir en protección de la economía, proveyéndole seguridad jurídica y social, protección arancelaria e impositiva; destrabar el aparato burocrático de la excesiva permisología, es primordial para que la economía fluya y sea próspera. Debe la democracia brindar oportunidades de crecimiento y progreso, otorgando créditos a mediano y largo plazo, con bajos o medianos intereses. Combatir la corrupción y el cobro de comisiones; y en general ofrendar todo un clima nacional e internacional de buenas intenciones y confianza, para que fluya y florezca la economía en la nación

Pero por el otro lado, es importantísimo que el Estado comience de una vez y por todas a fomentar decididamente la industria, la tecnología y la ciencia. Se levanten en las ciudades centros industriales, empresariales y comerciales, se cree tecnología y ciencia nacional, que todo ello, produzcan fuentes de empleo. En las zonas turísticas, se impulse la construcción y modernización de centros recreacionales, se provea a las ciudades y pueblos turísticos de la mejor infraestructura y de todo el apoyo del Estado para convertirlos en lugares atractivos para el turismo nacional e internacional.

Realmente, "debe ser la economía estúpido" y no la doctrina política, para hacer crecer la industria de la alimentación, traer nuevas tecnologías al país, fomentar el intercambio de bienes y de servicios eficientes y todos aquellos rubros necesarios en todo el territorio nacional para producir progreso y prosperidad. Proteger a nuestros productores, darles el impulso crediticio necesario para que tengan éxito, asesorarlos científica y tecnológicamente en forma constante; otorgarles toda la suficiente seguridad jurídica sobre sus tierras, sus empresas y sus capitales, para progresar y acrecentar sus negocios, sin la inquietud y el miedo de que el gobierno los va a expropiar. Combatir los delitos de extorsión, secuestro y narcotráfico, sobre todo en los estados fronterizos y hacer de Venezuela uno de los países más seguros para invertir. En fin, beneficiar y proteger a toda la industria, empresa y esfuerzo privado de la nación, con la filosofía de que éstos venezolanos y extranjeros que están trabajando en nuestro suelo, son pro ciudadanos de la República, que van a crear riqueza para el progreso de toda la nación.

Definitivamente debemos dejar de ser tan estúpidos creyendo que con revoluciones y postulados políticos vamos a hacer progresar nuestra nación, obviando o subrogando la economía a la teoría política. Ya los venezolanos estamos cansados de los viejos y anti productivos postulados del comunismo. Sólo queremos una democracia que nos brinde progreso, paz y prosperidad, pues, ser rico no es malo, realmente, ser rico es muy bueno y beneficioso para toda sociedad, pues el hombre rico produce fuentes de empleo y bienestar a muchas familias, las sociedades ricas producen progreso, bienestar y felicidad a sus ciudadanos. Entonces, queremos reencontrarnos con las riquezas y con sus beneficios, como ciudadanos y como nación.

Pretender acabar con la empresa privada, calificándola de "capitalistas y explotadores" en forma despectiva con la tipificación de cuasi delincuentes enemigos de la Patria, es el peor error de gobierno alguno. Por otro lado, seguir con la práctica ilegal y repugnante de invadir los negocios, industrias y centros comerciales de la nación con la excusa de la expropiación que en la práctica se ha convertido en vil confiscación sin pago, ha matado el progreso y la libre empresa en Venezuela

La creación de riqueza nacional, debe ser uno de los objetivos principales de todo gobierno, sin mezquindad, sin ideologías aberrantes, sin ordenes que llegan del exterior. Debe haber avance y bonanza para que todo el pueblo, no sólo para grupos privilegiados y apalancados, pegados como garrapatas a la piel del gobierno, sino, que debe procurarse con la mejor gerencia y sentido de la equidad, que todos los sectores, crezcan y se desarrollen y se alcance riqueza, progreso, paz y prosperidad.

HACIA LA CIUDAD INTELIGENTE

Necesitamos líderes que no sólo piensen en la silla presidencial y en el poder, que no sólo se dediquen a construir su gloriosa carrera política, social y/o económica, sino que piensen con plena solidaridad e inteligencia en lograr que nuestras ciudades sean límpidas, hermosas, inteligentes, modernas y en armonía con la naturaleza.

El Espíritu de la Nación reclama y gime por esta clase de liderazgos, que tengan amor hacia sus semejantes, sensibilidad social, que se identifiquen con el suelo que pisan sus pies, con las montañas, el mar y la selva, con el agua con la que se duchan cada mañana.

Un autobús o un camión de carga estropeados que expulsan monóxido por el escape, es un grave contaminante del ambiente y si son cientos de éstos, ¿cuánto no contaminan nuestro medio ambiente?. Esto no es humo blanco inocuo, sino un veneno muy activo, que está matando a la capa de ozono y a cada uno de nosotros, lentamente. No he visto todavía, un político o un líder social tomar de esta situación, he allí un tema que debe ser tomado en cuenta apremiantemente.

Urgimos reprogramar nuestras ciudades, hacerlas verdaderamente límpidas, auto sustentables, pacíficas y vivibles. Se debe legislar para eliminar el excesivo ruido, obligar a los dueños de vehículos a usar cornetas menos agudas, pues las que se usan en plena ciudad, son de altos decibeles. De plano se debe prohibir los altos volúmenes de ruido y/o música en los lugares públicos. Se debe planificar en reordenar nuestras ciudades, volverlas modernas, cómodas, seguras, hermosas y agradables a todos.

Es urgente que las autoridades desplieguen campañas para re inculcar en los ciudadanos la educación de no contaminar las calles. Con ello debe venir el brazo duro de la ley, castigando con multas, trabajos comunitarios, etc., a aquellos ciudadanos que infrinjan la normativa. Debe convertirse en obligatorio seamos los primeros en cumplir y hacer cumplir la norma de mantener limpias nuestras calles y avenidas. Quizás es desagradable lo que voy a describir, pero lo creo necesario, algunos ciudadanos mal formados, hacen sus necesidades en las calles, a la vista de los transeúntes, sin importar que se les vea su desnudez, sobre todo los hombres, faltando el respeto a otros ciudadanos y a la comunidad en general, esto va en contra de la moral y las buenas costumbres de una sociedad, pero ellos lo creen un derecho a ser como cualquier

cuadrúpedo que dónde le entre la necesidad, allí la hacen. Igual desagradable costumbre es el escupir en la calle, en las instalaciones del metro, sólo por el mero hecho de hacerlo, esto es de sociedades primitivas, lo cual debemos superar y lo haremos en el momento que tomemos conciencia que necesitamos una mejor y más límpida ciudad, para construir una excelente sociedad, ayudados por el brazo duro de la ley para castigar a los infractores de las normas de buena convivencia ciudadana y el impartimiento de educación social para el bien
Defectivamente Venezuela en las próximas décadas debe lograr que cada una de sus ciudades, pueblos, caseríos y barrios sean de excelente calidad para vivir, con seguridad, paz, modernidad y con dotación de los mejores servicios y que cada uno de nosotros los ciudadanos hagamos nuestro aporte decidido para ese noble logro social. Es un deber ser que debemos cumplir, sin excusas.

VI

UN NUEVO SISTEMA CARCELARIO

El sistema carcelario que ha venido imperando en Venezuela ha colapsado hace ya muchos años, pues es un sistema donde el reo ha sido convertido en un inútil, encerrado, sin emplear su tiempo en cosas que le beneficien. Nuestras cárceles son antros, donde impera la violencia, el mal trato, la muerte, el vicio, el tráfico de drogas y el odio. Quien tiene la desgracia de caer en una cárcel venezolana, tiene muy pocas oportunidades de reivindicarse para sí o para la sociedad.

Es imperante cambiar nuestro sistema carcelario, reivindicar el valor del ser humano, enseñar el amor a la vida. Aprovechar que ellos están allí, con todo el tiempo disponible para escuchar y aprender a reinventarse como seres humanos.

Los reos no son fieras que debemos encerrar para apártalos de la sociedad, pues son parte de nosotros y hasta nosotros mismos. Tampoco son desechos, son personas con sentimientos y pensamientos, la mayoría clamando por una nueva oportunidad de vida.

Me atrevo a sugerir que a través de un programa a nivel nacional mediante se implemente impartir a los presos y procesados de todos los centros penitenciarios, educación, buenos modales, habito por la lectura; proveerles ocupación, trabajo e ingresos, para que se sientan útiles y sanos; entrenamiento físico diario. Todo esto, dirigido y vigilado por expertos en cada materia.

Creando la infraestructura necesaria para ello. Con tecnología, aulas de clases, talleres para aprender oficios y profesiones técnicas; canchas deportivas, etc. Así se iría creando la conciencia en estos venezolanos que no son ni desechos ni enemigos de la sociedad, sino hombres y mujeres que merecen segundas oportunidades.

Una vez lograda sus libertades, el Estado no debe dejarlos a su suerte, pues allí está la tentación y el peligro de volver a reincidir al no lograr empleos, no tener medios de sustento y no ser aceptados. Sugerimos que el programa cuente con una especie de bolsa de trabajo y empleos, mediante la cual, antes de que estos ciudadanos salgan, ya puedan calificar puedan obtener ocupaciones remuneradas de acuerdo a lo que aprendieron y/o estudiaron.

¿Cómo se lograría que empresarios, comerciantes e industriales contrataran a estos venezolanos recién salidos de los centros penitenciarios? Otorgándoles a los empresarios, beneficios impositivos, crediticios, tomándolos en cuenta para que contraten con el Estado para hacer obras, promociones en eventos nacionales e internacionales, es decir, todo un programa de incentivos a los empresarios para que vean que es una gran ventaja contratar expresidiarios o jóvenes con problemas de conductas. Al presentárseles a los dueños de empresas buenos negocios, éstos se interesarían en la reinserción social de estos venezolanos, pues no sólo lo verían como una labor social, sino que les representaría beneficios adicionales, solo con contratar a estos venezolanos en sus empresas.

Este autor admira el programa establecido por la empresa «Ron Santa Teresa» y dicho ejemplo es digno de seguirse a nivel nacional, y no sólo con presidiarios, sino yendo a los barrios pobres del país y tomando a la juventud de esos sectores e incluirlos en grandes programas de desarrollo social, de implementarse ideas democráticas como éstas, seguramente vamos a Restaurar hermosamente a nuestra amada Venezuela. Inmensamente valioso también es el aporte de Empresas Polar al deporte y a la recreación para niños y jóvenes en toda la nación, dignos ejemplos para magnificarlos.

Algo terrible para un ser humano es perder la noción de ser útil, no tener nada que hacer, quedarse encerrado en sus pensamientos, tener sus manos desocupadas y sus pies delimitados a un pequeño e inoficioso cuadrado. Esto es la peor condena en las cárceles, pues, se reduce a los reos a la más completa y absoluta vagancia e inoperancia, lo que los hace obligatoriamente caer en la desesperanza y luego en la violencia y en el vicio. Este mal hay que erradicarlo, produciéndoles a ellos, fuentes de empleo, ingresos, estudios y sentido de la utilidad y confianza de que se volverán hombres y mujeres con mentalidad del logro.

El sistema carcelario en Venezuela debe ser lleno de buenas nuevas de progreso, reconstrucción del ser humano y fe en el futuro.

Todos los reos deben aprender allí un oficio, deben estudiar, hacer ejercicios físicos y mentales, trabajar y aprender a ser productivos.

Desarrollándose un completo programa de deportes, ejercicios y recreación, donde los presos puedan practicar diferentes deportes, artes, lecturas, sin que teman por sus vidas. Con competencias intercárceles, y luego con otros deportistas.

Al hacerlos sentirse útiles y dotados de conocimientos además de que puedan ganarse la vida con sus trabajos y ejercitar sus cuerpos, se convertirían en hombres y mujeres útiles a la sociedad, a sus familias y sí mismos.

Propongo que se transformen las cárceles en centros de educación, cultura y desarrollo personal, con regímenes de asistencia a clases. En donde los reclusos puedan estudiar y lograr ser profesionales en diversas áreas. Eliminado el ocio, enseñando profundamente el respeto a la vida y a la propiedad de los demás.

Cada procesado debe asistir a clases, con carga mínima de horarios y de curso de materias, y a medida que vaya alcanzando niveles superiores sus penas se irían reduciendo o se les concedería otros beneficios importantes, que coadyuvarían a reinsertarlos en la sociedad.

Los especialistas en educación, seguramente tendrán mejores ideas en esta área, pero es importante pensar en rediseñar el sistema carcelario venezolano, volverlo verdaderamente sanador, quitarle la maldad y el ocio que pulula a granel en nuestras cárceles.

CÁRCELES AGRÍCOLAS Y PECUARIAS.

Es muy probable que ésta no sea una idea novísima, pero, en estas líneas, la ratifico en todo caso, la creación de cárceles agrícolas y pecuarias, para que los presos, trabajen la tierra y la crianza de animales, con sus correspondientes ingresos.

Nuestros llanos venezolanos son extensos, allí el Estado podría desarrollar este tipo de instituciones, con todas las infraestructuras necesarias para que se haga labor productiva en el campo por nuestros presos y procesados.

¿Riesgos? Si los habrá, de que intenten escaparse, que al manejar herramientas puedan agredirse unos a otros y al personal que estén encargados de sus vigilancias. Pero cuantos motines no hay en estos tiempos en las abarrotadas cárceles actuales. Como hemos visto con real asombro como los presos están mejor armados que los policías y la Guardia Nacional, y como se ha desatado en los últimos años en Venezuela la peor de las maldades en nuestras cárceles, sin que funcione ninguno de los planes pensados por el gobierno chavista

¿Cuál sería el atractivo de estas instituciones? Además de hacerlas liberadoras del ser humano, porque el trabajo y la ocupación liberan; hacerlas bien remuneradas para ellos, de manera que se sientan satisfechos y útiles, se convertirían en verdaderas unidades de producción y de hombres productivos y útiles a la sociedad.

El personal que administre estos nuevos centros penitenciarios, debe aportado por las organizaciones civiles, bien sean las iglesias evangélicas, la iglesia católica u otras instituciones civiles, dedicadas a la defensa de los derechos humanos. Si fuere necesario personal militar, éste tiene que estar subrogado bajo la autoridad del civil, como un deber ser democrático. Pero obligatoriamente, el personal tendría que conocer la materia agrícola y pecuaria, para enseñar e instruir y para bien administrar.

Este subsistema, tendría las mismas   funciones de educar para el trabajo, para la vida, la cultura y para una exitosa y segura reinserción social, porque sería el mismo programa, del nuevo sistema carcelario venezolano.

LEY PARA OTORGARLES LA PROPIEDAD A LOS POSEEDORES CON MAS DE 20 AÑOS DE POSESIÓN-

Que se ordene mediante la creación de una Ley Especial, la obligación con su procedimiento de otorgarle a los ocupantes como más de 20 años en la posesión legítima y en nombre propio de inmuebles, su derecho de propiedad a través de los Registros Inmobiliarios.

Este derecho y beneficio, no se debe conceder a inquilinos o a poseedores ilegítimos, por cuanto éstos ocupan a través de un contrato de arrendamiento o de una posesión contraria a la ley, en la propiedad de otra persona, y esto debe respetarse. Y según nuestro Código Civil en su artículo 1963 "Nadie puede prescribir en contra de su título, en el sentido de que nadie puede cambiarse a sí mismo la causa y el principio de su posesión"

¿Para quienes sería el beneficio de una ley especial de este tipo? Para las miles de familias que por decenas de años han ocupado lotes de terrenos y han construido sus viviendas, pero lo que ostentan es una simple ocupación, y no saben, en muchos casos a quien pertenece el terreno. Esto es el caso de muchos barrios en Venezuela.

Los beneficios de una norma como esta, para el ciudadano ocupante tendría, entre otros los siguientes beneficios: Otorgarles seguridad jurídica a los poseedores legítimos que, tras su ocupación, podrán obtener la propiedad de sus inmuebles. Darles seguridad social y estabilidad moral y emocional, por cuanto no hay aliciente ni mayor satisfacción, que el ser propietario de la vivienda en la que se habita.

Que estos ciudadanos, puedan acceder al mercado inmobiliario, tener acceso a créditos bancarios. Propongo, que se creen procedimientos legales para que ciertas zonas de éstas puedan a través de especie de condominios acceder a créditos con instituciones financieras, y que los condominios sean cobrados mensualmente para pagar. Siempre y cuando, todos los habitantes se obliguen a cumplir con sus obligaciones y se sometan a los procedimientos legales y morales que este tipo de desarrollos implicarían.

Para el Estado y los Municipios, surgirían las posibilidades y beneficios de: Que cada inmueble de éstos comiencen a pagar impuestos municipales, con ello se revitalizarán las arcas de los municipios, ya que millares de viviendas ocupadas por sus poseedores desde hace más de 20 años, al regularizar la propiedad a través de un justo título debidamente registrado, tendrán que cumplir con todos los requisitos legales, siendo entre ellos, el pagar impuestos e inscribir su inmueble en catastro urbano.

Para el Mercado Inmobiliario: Habrá total seguridad de la traslación de la propiedad y posesión de los inmuebles, adquiriendo éstos mayor valor, pues al obtener un título debidamente registrado, esto constituirá un valor agregado muy importante para dichos inmuebles. Además, en muchos casos, como ya se ha dicho anteriormente, podrán acceder al mercado bancario y solicitar préstamos de diferentes tipos, pues tendrán con que garantizar dichos créditos. Por otra parte, esta dinámica va a originar por si sola un movimiento y crecimiento de la economía, ya que son cientos de miles de viviendas que están en estado simple de posesión, y que sus dueños necesitan y quieren registrarlas. Puede crearse la figura de los Condominios Públicos, administrados por entidades bancarias comunitarias o tradicionales que se encarguen de cobrar los créditos, con sus garantías debidas.

Otro beneficio adicional, **para los profesionales del derecho,** es que al mercado van a salir miles de personas a buscar quien les asesore y redacte documentos y/o haga gestiones administrativas.

Para que este inmenso beneficio se pueda cristalizar, sólo es necesaria la voluntad del legislador, creando el marco jurídico necesario, con sus respectivos procedimientos, que deben ser sencillos, sin largos e inmensos trámites, el poseedor legítimo obtenga su derecho de propiedad, a través de un título registrado por ante una oficina de registro inmobiliario.

Entre los requisitos sugiero los siguientes: 1) Un Justificativo Judicial de testigos, donde haga constar que vive en el inmueble por más de 20 años; 2) Por lo menos 30 firmas recogidas de sus vecinos más allegados, aseverando este hecho; 3) recibo de alguno de los servicios, al día donde conste que realmente vive en donde asevera vivir; 4) Identificación personal en regla; 5) Una Inspección Judicial en la que se haga constar el hecho material de la posesión. Como uno de los objetivos de esta ley para la sociedad en general, sería, que los ciudadanos o conjunto de éstos, puedan recibir créditos, a bajo interés para reconstruir sus viviendas, edificios, condominios, etc. Así las ciudades serían renovadas, reconstruidas, con el aporte decidido del Estado y ya no veríamos nuestras ciudades corroídas por el tiempo y la intemperie, sino que a bajo costo, y a largo plazo.

Mediante esta política, se le daría al ciudadano, no sólo seguridad jurídica, sino moral y económica, lo que coadyuvaría decididamente que todas las barriadas de Venezuela generen movimientos de regeneración y reconstrucción de sus entornos. En el término de 20 a 30 años todas las comunidades que forman los cordones de miseria, podrían renovarse y adquirir otras formas de vidas más elevadas.

Será hermoso, cuando en el futuro miremos a los barrios y ya no veamos el esqueleto de las viviendas, construidas en el puro hueso del bloque rojo, sino que todas estén con un buen friso, excelentemente pintadas y limpias por dentro y por fuera; así como sus calles, sistemas de cloacas, aguas blancas y demás servicios.

Esto podría darle un impulso grande a la economía nacional, pues todo el capital disponible estaría en continuo movimiento, se generarían miles de puestos de trabajo, y con ello, colateralmente toda la economía recibiría los beneficios de este impulso.

VII

UN NUEVO RÉGIMEN CONSTITUCIONAL

La crisis institucional, ética, moral y social que está viviendo la nación venezolana exige que cada uno de nosotros demos nuestro máximo esfuerzo por rescatar nuestra República. Todavía queda historia que hacer y que escribir y aún están intactas las fuerzas morales y espirituales de la nación. Debemos comenzar a vislumbrar con fuerza y fe, en el horizonte y en el futuro lo que debe venir y llamarlo y proclamarlo por su nombre: "libertad y democracia, progreso, paz y prosperidad" aunque hoy en el transcurso de nuestra historia, hemos perdido muchas veces la esperanza, de que estas virtudes se cumplan.

Las victorias de nuestras vidas no llegan sino cuando hemos librado grandes batallas. Nada es fácil, el éxito no fluye de la nada. Tampoco la libertad de los pueblos es fácil mantenerla, por cuanto ellos mismo muchas veces se confunden y la ceden a hombres inescrupulosos, que tuercen el destino de sus países y se hacen del poder como un bien personalísimo.

Lograr que una nación sea democrática, alternativa, libre y exitosa, exige que los ciudadanos gravemos en nuestros corazones, almas y espíritus, que ningún régimen es mejor y da más paz que el sistema democrático.

A los venezolanos, desde el mismo principio de la vida constitucional de la República, nos ha tocado luchar una y otra vez por nuestras libertades, reconquistando la democracia, luego de perderla por breves momentos en la historia, debido a los desafueros cometidos por muchos que se han llamado patriotas, pero que en realidad se han constituido en dictadores y opresores de nuestro libre albedrío.

A inicios del Siglo XXI ¡otra vez! Los venezolanos estamos procurando denodadamente, lograr recuperar la democracia y la institucionalidad libertaria de nuestra nación. Nuestra virtud, no rendirnos. Desfallecemos muchas veces, perdemos la fe por momentos, pero inmediatamente el espíritu libertario del que somos herederos vuelve a soplar su aliento de vida en nuestros rostros y regresamos a la carga.

Con perseverancia, con paciencia, creyendo que lo vamos a alcanzar más pronto que tarde, lograremos ¡triunfar!

Nuestro Libertador es nuestro mejor ejemplo. Bolívar fue la cabeza, el pensamiento de un pueblo, que nunca mostró ante la masa la más mínima indecisión, aunque quizás como cualquier ser humano, en su ser interior, pudiera estar lleno de miedos o angustias. Siempre logró levantarse ir hacia adelante, y aún en sus peores momentos insuflar a sus seguidores el ánimo de la victoria.

"Durante la campaña libertaria del Perú, Bolívar se enfrentaba no sólo al ejército español, sino a la elite peruana que era altamente pro-realista. La situación patriota era muy comprometida y terriblemente difícil, Bolívar se hallaba en muy mala salud, el mismo explicaba en una carta a Santander su estado de salud así: "Es una complicación de irritación interna y de reumatismo, de calentura y de un poco de mal de orina, de vómitos y dolor cólico. Yo no puedo hacer un esfuerzo son padecer infinito. Ud. No me conocerá porque estoy muy acabado y muy viejo; y en medio de una tormenta como ésta represento la senectud. Además, me suelen dar, de cuando en cuando, unos ataques de demencia aun cuando estoy bueno, que pierdo enteramente la razón..."

"Don Joaquín Mosquera, Ministro de Colombia ante los gobiernos del Perú, Chile y Buenos Aires, en una entrevista que tuvo en esa época con el Libertador narró ese encuentro así: "...encontré al Libertador ya sin riesgo de muerte, pero tan flaco y extenuado que me causó su aspecto una muy acerba pena. Estaba sentado en una pobre silla de vaqueta, recostado contra la pared de un pequeño huerto, atada la cabeza con un pañuelo blanco, y sus pantalones de jin que me dejaban ver sus rodillas puntiagudas, sus piernas descarnadas, su voz hueca y débil y su semblante cadavérico. Tuve que hacer un grande esfuerzo para no largar lágrimas y no dejar ver mi pena y mi cuidado por su vida.

...Temiendo la ruina de nuestro ejército, le pregunté:

- ¿y qué piensa usted hacer ahora?

- Entonces, avivando sus ojos huecos y con tono decidido, me contestó:

"¡Triunfar!"

"Esta respuesta inesperada produjo en mi alma sorpresa, admiración y esperanzas, porque vi, aunque el cuerpo del héroe estaba casi aniquilado, su alma conservaba todo el vigor y elevación que lo hacían tan superior en los grandes peligros" (ARTURO HELLMUND TELLO ARTURO, <u>Cumbres de Gloria</u>, Tomo V. Caracas 1958, pág. 272)

¡Y triunfó!, el Libertador es nuestro ejemplo a seguir, sin duda alguna hemos perdido batallas democráticas en estos 21 años, hemos sufrido decaimiento en nuestros esfuerzos, nos hemos desalentado en nuestro esfuerzo por salvar la   democracia, han caído muchos jóvenes venezolanos en las batallas libradas por la libertad, héroes nacionales de tanta grandeza como los que pelearon la guerra de independencia nacional en el siglo XIX, pero nunca renunciaremos a ser libres e independientes. Somos venezolanos llenos del espíritu invencible de la libertad.

La visión inconmovible en nuestro éxito, por lograr una democracia moderna, debe ser como dice la Biblia, "la fe es la certeza de lo que se espera, la convicción de lo que no se ve" (Hebreos 11:1). Y nuestra certeza y nuestra convicción es que lograremos una institucionalidad sana, fortalecida y libre de dictadores.

Por supuesto, Venezuela no puede depender de un solo hombre, sino del accionar incansable de cada ciudadano, desde sus hogares, en sus lugares de trabajo o empleo, en las aulas de estudio. Es ese hacer diario, anónimo, que no causa revuelo, pero que es incansable e inquebrantable, con un solo y único objetivo, ¡triunfar!

La guerra de independencia se ganó gracias al empuje de hombres que hoy no conocemos, que sus memorias se perdieron, pero que su heroísmo estará presente en los anales ocultos de nuestra historia. Ellos creyeron en la libertad por encima de sus propias vidas, y dieron todo a la Patria. Cito textualmente lo que Hellmund Tello subtitula como:

"Pequeños episodios"

"...Es increíble cuántas hazañas individuales se efectúan por héroes ignorados, la mayor parte de los cuales caen en medios de sus hechos, otros que no encuentran quienes las propaguen para la posteridad, enriqueciendo así el anecdotario con ejemplos en lo heroico, en lo moral o en el sacrificio por el ideal.

De los muchos consumados en aquellos días, he aquí uno: Bravamente se estuvo resistiendo el cañoneo de las baterías realistas, distinguiéndose por su actividad, constancia y coraje, el comandante patriota de artillería don Francisco Tinoco. Ninguna bala le toco todo el día. Sólo hacía el atardecer, cayó derribado por un impacto de grueso calibre, al pie de uno de los cañones bajo sus órdenes.

Antes de morir, consciente de su deber y satisfecho de haberlo cumplido con heroísmo, se despidió en esta forma patriótica y edificante:

-Yo he pagado el tributo que todos debemos a la patria. Compañeros: ¡Llevad al general Bolívar mi último adiós!; ¡y pelead hasta morir o destruir a los tiranos!

Así murió Francisco Tinoco..." (Así. Tomo III, p.p. 17-18)

En esa fe inquebrantable y en esa herencia libertaria que nos corre a cada venezolano por la sangre, por ser hijos de esos cientos de héroes anónimos como el comandante Francisco Tinoco, sigamos adelante, con la firme convicción que lograremos vencer la ignorancia, la dictadura de la arbitrariedad y reconquistaremos de nuevo a "la República de Venezuela, libre, democrática y alternativa".

En la restauración de la libertad y de la democracia en Venezuela, debe venir acompañada de la Restauración del alma y del espíritu de cada venezolano, que renazcamos como ciudadanos profundamente impregnados de las grandes virtudes, para que seamos una nación exitosa, debemos ser hombres y mujeres, honestos desde el corazón hasta nuestra palabra pronunciada, decentes y respetuosos de nuestros semejantes, imbuidos de ética y moral a toda prueba, para que seamos intachables en todos nuestros pasos, respetuosos del tiempo de los demás, por tanto, debemos acostumbrarnos a ser puntuales en nuestra citas y reuniones; y, en general, como ya lo he dicho, en estas páginas, claman el espíritu de la nación y el espíritu de la historia, por el surgimiento de un nuevo ciudadano, temeroso a Dios, a las leyes, creativo, de progreso, con excelente auto estima y dispuesto a dar todo su esfuerzo por el progreso y la prosperidad de nuestra amada Venezuela. A pesar de todas las vicisitudes y grave retroceso histórico que hemos sufrido desde el año 2000 hasta lo que va del 2019, nuestro destino seguro como pueblo libertario es:

¡Triunfar!

Que no quede duda de ello, volveremos a recuperar a democracia, antes o después de la publicación de estas ideas democráticas, pero con toda seguridad, lo haremos. Y sería necesario reformar la Constitución Nacional, adaptándola a una democracia moderna, verdaderamente institucional y capaz de devolverle el progreso a la nación. De esta manera sugiero las siguientes ideas:

Volver a la división tradicional de los poderes públicos nacionales:

Esta división de los poderes públicos de la nación, no es un invento o imposición de clase política alguna en forma caprichosa, sino que fue el estudio y análisis de hombres ilustres, que forjaron la independencia nacional, e hicieron el sistema jurídico-político venezolano. El Dr. José Gil Fortoul lo describe de esta manera:

> "Divídase el poder supremo en Legislativo, Ejecutivo y Judicial. El Legislativo se compone de dos Cámaras: una de Representantes y otra de Senadores"

> "El número de Representantes se determina por la población de las provincias…" La duración de esta Cámara es de cuatro años, pero sus miembros se renuevan por mitad cada dos y ninguno puede ser reelegido inmediatamente"

> "El número de Senadores fluctúa entre la tercera y quinta parte del número de Representantes. Los Senadores son elegidos por seis años, y se renuevan cada bienio por ter-

ceras   partes..." (José Gil Fortoul, Historia Constitucional de Venezuela. Quinta Edición. Tomo Primero. Ed. Sales. Caracas-Venezuela. 1964; p.p. 259-260).

En consecuencia, por razones, de carácter histórico - patriótico y de eficiencia político-jurídico de la institución del Congreso de la República de Venezuela, para una necesaria y futura Constitución nacional, debe volverse a dicha división tradicional y, además, es muy importante que se produzca la...

RESTAURACIÓN DE LA CÁMARA DEL SENADO DE LA REPÚBLICA. -

La Constitución de 1961, preveía la vigencia de la Cámara de diputados y la Cámara de Senadores, esta última fue eliminada por la Constitución de 1999. Para que la nueva democracia sea más perfectible, sin duda alguna es necesario que se restablezca la Cámara del Senado de la República con funciones y atribuciones propias

Un solo cuerpo legislativo es insuficiente para legislar eficientemente, por cuanto se recarga de trabajo legislativo y, en consecuencia, las leyes dictadas por la Cámara de Diputados desde el año 1999, han sido en muchos aspectos mal redactadas, carentes de técnica legislativa, con errores y múltiples y agotadoras repeticiones, como las los niños, niñas, fiscales o fiscalas. Estas repeticiones inoficiosas no contribuyen en nada a una mejor, elegante, eficiente y moderna Constitución Nacional, sino por el contrario, la plaga de una redacción muy pesada.

En consecuencia, se hace necesario que la nueva reforma de la Constitución Nacional provea la instauración de las dos cámaras tradicionales, de diputaos y senadores.

Ningún poder de la nación debe proceder en solitario en su mandato, pues para su equilibrio y desconcentración de poder, tiene, obligatoriamente, que tener otro órgano de la república que lleve con él el contrapeso de las responsabilidades, de sus funciones y atribuciones.

He allí, la necesidad de que se establezca, nuevamente la Cámara del Senado de la República, debería quedar, como estaba establecido en la Constitución Nacional de 1.961, junto con la Comisión Delegada.

En este punto, le expreso a los futuros constituyentes de la República, volver a la denominación histórica, de "Congreso Nacional de la República", en vez de "Asamblea Nacional". Pues lo primero que hicieron los patriotas venezolanos de la independencia fue nombrar un "Congreso General de la Provincias"
De manera pues que es una institución, de raigambre histórica en la nación; y, es esa genética la que debemos buscar para reconstruir nuestra República.

Duración del Mandato presidencial: Sobre la Duración del período presidencial, como ciudadano, hago la sugerencia, que el mandato presidencial debe establecerse a 4 años, con una única reelección, por una sola vez y de forma inmediata. Luego de terminado y cumplido el período de ese funcionario, bien en una única reelección o que no sea reelegido, que la norma constitucional establezca «la prohibición absoluta de que esa persona pueda postularse en cualquier otro momento de su vida, para el mismo cargo», siguiendo el ejemplo de países como Colombia, México o los Estados Unidos, esto nos va a garantizar la alternabilidad de los poderes y la continua renovación de nuestro liderazgo nacional, evitando a los dinosaurios políticos extenderse en los mandos públicos, y por el contrario, exterminándolos definitivamente de la política venezolana.

Podría un exalcalde postularse para gobernador, pero no reelegirse por tercera vez como alcalde; podría a su vez un exgobernador aspirar a ser candidato presidencial, pero no reelegirse por tercera vez para gobernador de su estado, después de haber sido elegidos y luego reelegidos. Y jamás un ex presidente podría aspirar a un tercer mandato, estaría taxativamente prohibido en la Constitución Nacional. Esto debe ser irrenunciable e innegociable para nosotros los venezolanos.

Esta es una forma bastante segura para impedir que ocurran accidentes históricos en la nación, mediante los cuales hombres o mujeres con poco respeto por la democracia y la libertad, llegan a ocupar la presidencia y luego se convierten en "cuasi dioses" que usando el peso y los recursos inmensos del Estado, se imponen a la fuerza y tuercen la institucionalizad, para prolongarse indebidamente en el poder, como lo ha hizo el presidente Hugo Chávez, en el refrendo celebrado el 15 de febrero del 2009, en el cual mediante una pregunta confusa se aprobó la reelección indefinida de todos los cargos de elección popular y hoy sufrimos ese mal, con un Nicolás Maduro reelegido en unas elecciones extemporáneas y fuera de toda normativa constitucional. En una genuina democracia es un contrasentido que existan normas que eternicen a los mismos gobernantes en el poder, pues rompe con la alternabilidad y el derecho de otros ciudadanos a ser elegidos.

Nadie puede considerarse "necesario" e insustituible en una nación, pues existen millares de conciudadanos que piensan y son inteligentes que pueden aportar más y mejores ideas para el perfeccionamiento de la democracia. En consecuencia, esta institución antidemocrática de la reelección indefinida, debe ser sometida a la obediencia del Estado de derecho, no permitiendo que el mismo funcionario por decenas de años se reelija una y otra vez, robándole el derecho a otras generaciones a hacer y construir democracia.

El presidente Hugo Chávez llegó a manifestar que "él era el único que podía gobernar esta nación en las actuales circunstancias", es decir, según el difunto presidente "nadie más tiene ni la capacidad ni la inteligencia para llevar a esta nación a mejores rumbos" él se consideraba insustituible. Esto tiene un parangón en la historia, con Hitler, quien afirmó en noviembre de 1939, en un discurso frente a los comandantes del ejército que, "la providencia había dicho la última palabra, concediéndole el éxito; la lucha era el destino de todos los seres vivientes; la guerra era una lucha entre las razas; lo que se estaba realizando actualmente era el <<segundo acto del drama de 1914>>; nadie podía saber cuánto tiempo tendría la posibilidad de luchar en un solo frente; su propia vida y la de Mussolini eran insustituibles..." "... Advirtió a aquellos que quizás estuvieran jugando con la idea de una rebelión, diciéndoles que una revolución sólo devoraría a sus autores y que el pueblo le obedecería a él. Al final recalcó: <<como último factor debo mencionar con toda modestia a mi propia persona, que es insustituible...>>" (Walter Goerlitz "El Estado Mayor Alemán" pág. 360).

¿Por qué los hombres fuertes que se levantan con el poder en las naciones, tienen la mala costumbre de creerse únicos e insustituibles? ¡Cómo se parecen unos y otros en sus frases y en sus ficticios amoríos hacía sus pueblos y/o naciones! y que equivocados resultan estar, por el contrario de ser insustituibles, lo son necesaria e históricamente, para que los pueblos avancen y sea libres realmente.

En las democracias modernas, ¡nadie es insustituible! Pues, el juego democrático permite la formación de líderes sometidos a la obediencia de la ley, que gobiernan a sabiendas que sus términos son finitos y sus funciones son monitoreadas por sus pueblos. De allí, que siempre hay renovación y rejuvenecimiento del liderazgo y de las ideas democráticas. Es lo justo y lo hermoso de la democracia

TRANSFORMACIÓN DEL PODER ELECTORAL -   El Consejo Nacional Electoral (C.N.E), fue configurado por la Constituyente de 1999, en un Súper Órgano, en «un Poder Supremo» fuera de todo control ciudadano y sólo destinado a servir al régimen del extinguido presidente Chávez y ahora a Nicolás Maduro. Con un poder constituido plegado total y plenamente en favor del régimen gobernante, nunca los venezolanos vamos a tener verdaderamente la garantía de ver a un candidato de la oposición ganar la presidencia de la República, aunque el sr. Nicolás Maduro haya sido el peor gobernante de toda la historia de la nación, aun así, ha ganado dos veces, si estuviéramos dotados de una democracia seria, este señor no hubiese ganado nunca una reelección, por inepto. En la democracia que ha de nacer en Venezuela, debe volverse el órgano electoral a su tradicional dimensión, a un ente «autónomo» pero obediente a la democracia y respetuoso de la verdadera decisión del pueblo venezolano.

El Consejo Nacional Electoral debe volver a ser un órgano sin arrogancia, sin parcialidades odiosas y antidemocráticas. Es necesario convertir a este organismo en un verdadero juez totalmente imparcial.

Una de las maneras de rebajar esa altivez, es suprimir la denominación "poder" y convertirlo en un servicio honesto y desinteresado para la democracia. Además de alejar de él toda sombra de contacto con el gobierno central o partidos políticos, que impliquen prosternación ante éstos. No debe confundirse el órgano electoral con un ministerio del gobierno de turno, sino en un ente verdaderamente sin intereses partidistas ni doctrinarios que sea real garantía del juego democrático.

La nueva democracia que habremos de lograr los venezolanos, exige un servicio electoral totalmente autónomo e imparcial, compuesto de funcionarios alejados de la contienda política.

Es uno de los requisitos fundamentales para lograr que nuestra democracia vuelva por sus fueros de libertad y madurez política.

La nación cuenta con suficientes hombres y mujeres, sabios e inteligentes, sobrios e imparciales, para lograr el cometido de convertir al actual Ministerio del Poder Popular del Consejo Nacional Electoral, en una institución verdaderamente imparcial y democráta, valiosa aliada de la democracia en Venezuela.

UN SISTEMA CONFIABLE DE VOTACIÓN.

Durante veinte años, en cada proceso eleccionario, hemos estado en una duda perpetua y razonada de la parcialidad y los verdaderos resultados del sistema de votación establecido en Venezuela por el CNE, con las máquinas de votación electrónicas, sistematizadas y gobernadas solo por técnicos del CNE, no hay forma de verificar de que esos resultados "sacrosantos" según las autoridades del órgano electoral, sean ciertos y realmente imparciales. La oposición y todos aquellos ciudadanos que hemos sido contrarios al proyecto del gobierno chavista, hemos creído siempre que esas máquinas son fácilmente manipulables y gobernables a través de mandos y programas pre constituidos antes de cada elección. No nos han demostrado otra cosa. Sólo la solitaria y nada creíble afirmación de los rectores oficialistas del CNE, es lo único que asevera que las maquinas electorales y sus resultados son justos y honestos, pero millones de venezolanos lo ponemos en duda ¿no es esto suficiente para que este sistema sea sometido en profundidad a una revisión y volver al sistema que no sea hermético, sino que pueda ser accesible en cualquiera de sus procesos por la oposición o por los observadores internacionales.

En el referéndum del 2004 contra el presidente Chávez, estábamos seguros que habíamos logrado revocarlo, a nivel nacional recorría la confianza que se había obtenido la cantidad de votos necesarios para revocar el presidente. El CNE vaciló y retardó los resultados, hasta horas de la madrugada, cuando entre gallos y media noche se dieron aquellos resultados que sorprendió a los venezolanos.

En las elecciones del 7 de octubre de 2012, la oposición, hasta aproximadamente las cuatro de la tarde parecía muy confiada y alegre y el chavismo muy preocupado y temeroso, eso era notorio. La noticia recorría la nación, que Capriles Radonski había ganado. Pero cuando la señora Tibisay Lucena anunció los resultados, estos fueron desfavorables para la oposición.

En las elecciones celebradas el domingo catorce de abril de 2013, según los resultados del C.N.E., Maduro ganó las elecciones con 7.587.579 votos, un porcentaje del 50,61% y el candidato Henrique Capriles Radonski obtuvo 7.363.980 votos, un porcentaje del 49,12%, estas elecciones fueron las más dudosas, y a pesar que Capriles Radonski exigió al C.N.E., que se recontarán los votos, que se mostrara a la nación el verdadero resultado, esto nunca sucedió. Todos los venezolanos quedamos con un profundo sabor amargo, presumiendo gravemente, que dichas elecciones fueron un gran fraude a la democracia venezolana. Ahora volvemos a recibir otro baño de agua comunista de las costas de Cuba, en las elecciones del 6 de diciembre de 2020, el chavismo volvió a ganar con más del 70% las elecciones legislativas de la Asamblea Nacional, esto claro ayudados por la anti política de la oposición de llamar a la abstención, y así, le entregamos el único poder democrático que habíamos conquistado en 2015. Las consecuencias las veremos en estos próximos cuatro años, dónde el régimen de Maduro nos llenara de mas leyes inspiradas en Cuba.

Y así hemos visto los venezolanos, como el chavismo se ha vuelto invencible, por obra y gracia de las máquinas electorales utilizadas por el CNE, a las que no les tenemos confianza y creemos que son manipuladas dentro el seno del este órgano, para que el régimen madurista siempre gane. Allí no hay democracia, sino una duda y una insatisfacción permanente en un órgano abiertamente gobiernero. Un ministerio más.

No es posible que la directiva del CNE no le permita entrar a los técnicos de la oposición, ni técnicos extranjeros, para examinar los resultados, sólo sus técnicos son los que manejan los resultados, y visto está, que allí no hay ningún tipo de imparcialidad, el CNE en definitiva no es más que un despacho del gobierno chavista. Por ello es necesario y urgente para la democracia, que los venezolanos en general, los partidos y todas las organizaciones civiles que creamos en una democracia verdadera, nos planteemos una campaña, que puede ser una gran batalla ciudadana permanente y continuada, para que ese malévolo sistema de votación electrónico, a través de las máquinas de votación, sea abolido en Venezuela y se vuelva al sistema mixto de votación o más auditable, y que el CNE tenga la obligación de contar entre sus técnicos, a los expertos de los partidos de oposición, para que haya realmente supervisión y transparencia en el sistema electoral.

Para el logro de una democracia honesta, hay lograr un órgano electoral en el que todos los venezolanos confiemos, que sea abierto al examen ciudadano, sin secretos, ni hermetismos, configurado por venezolanos eximios, intachables, sabios y respetuosos de los derechos de todos, que sean totalmente equilibrados e imparciales desde el corazón, solo leales a la libertad y a la institucionalidad democrática. Esto debe ser ineludible.

VIII

DESARME PÚBLICO. -

El desarme civil es una alta necesidad, es insoportable el dolor que sufre día a día la familia venezolana, por tanta violencia que se sufre en las calles, mientras los organismos del Estado con toda su pesadez y su burocracia no han podido acabar con esta situación. Por los medios de comunicación, vemos las noticias de como padres de familia, hijos y vecinos son asesinados cobardemente por la delincuencia "armada hasta los dientes" sin que haya una verdadera y convincente solución a esta enfermedad de nuestra sociedad

Los venezolanos estamos sometidos a una guerra asimétrica, en la que nosotros, desarmados, vamos al frente de batalla (los lugares públicos) contra una delincuencia que posee hasta armas de guerra salida de los cuarteles militares y estaciones de policías, que nos roba, asesina, secuestra y amenaza, sin que nos sintamos o estemos protegidos por el Estado, ya que éste se ha hecho inoperante e indolente.

Este escenario debe cambiar radicalmente, debemos generar instituciones eficaces y correctivas de esta anomalía, hablamos por supuesto, de una democracia que debe funcionar y ser eficaz, no de un sistema electoral a seguidillas que lo único que hace es llevarnos a las urnas una y otra vez, para elegir y dar poder a las camarillas gobernantes.

Lo primero para una nación, son sus ciudadanos, pues son su imprescindible componente esencial, pero en Venezuela, nosotros, sus habitantes, en los últimos veinte años, tan sólo hemos sido un instrumento electoral, arriados como borregos en un sinfín de elecciones, para elegir y para dar poder a los dinosaurios rojos.

Es por ello, que es obligatorio producir una Constitución Nacional que obligue a los poderes constituidos a ser funcionales y eficientes. Es necesario quitarle el poder omnímodo al hombre y dárselo al sistema democrático en general, para que éste genere soluciones y no dependa del dictamen subyugador del altivo y todopoderoso funcionario, pues como lo hemos sostenido en las líneas de esta obra, si éste es negligente, dictador, indiferente o loco, toda la democracia sufre esas consecuencias, por la actuación malsana o deficiente de un solo hombre, el presidente.

En este sentido, buscando la eficiencia del sistema, propongo se cree una norma de carácter constitucional, para prohibir el porte, distribución y comercialización de armas a nivel nacional. Y hagamos que esta normativa genere todo un movimiento nacional que penetre la fibra del venezolano, devolviendo la paz al alma y al corazón de todos nosotros.

En los días que estamos viviendo, es necesario tomar el tema de la violencia como esencial para la sobrevivencia de nuestra nación. Estamos en una guerra abierta y la familia está siendo exterminada, por las balas, por la cultura de la violencia, por la necesidad de defenderse, por el atractivo diabólico que ejercen las armas sobre la juventud. Esto se ha vuelto en una vorágine que está exterminando el buen convivir, a todos los niveles sociales.

Hoy tienen más poder los delincuentes, transformados en colectivos oficialistas, que cualquier cuerpo policial o de seguridad del Estado. el sistema constitucional ha sido subvertido y la cultura de la violencia y delincuencial ha penetrado hasta a nuestros gobernantes, pues éstos nos hablan golpeado, con amenazas, recordándole a la sociedad que ellos disponen del poder de fuego de nuestras fuerzas armadas nacionales, para empuñarlas contra aquellos que hemos osado a llevarles la contraria, porque creemos en una verdadera y sana democracia. Esto es inaudito para un gobernante, pues el mensaje subliminal que transmite es que todo aquél que posea un arma, sino se le cumple su más mínima exigencia, puede disparar a matar a su semejante, que puede acabar con la vida de los demás, sin remordimientos, ni temor a la ley.

Definitivamente la democracia con todos sus defectos y debilidades es cien mil veces preferible a estas violentas y obsoletas formas de gobernar. No queremos más dinosaurios con capuchas militares y boinas rojas, gobernando a nuestra amada Venezuela Es de vital importancia para el presente y el futuro de nuestra nación, obtener la paz y la sobrevivencia de nuestra sociedad, detener la violencia que mata y asesina a la familia venezolana, desarmando a todos aquellos cuerpos paramilitares que se han formado a lo largo y ancho de Venezuela, al amparo del régimen chavo-madurista. Sólo podrían portar armas los cuerpos de seguridad del Estado, esto es urgente que en la democracia que renacerá en estos próximos tiempos, se legisle y se haga cumplir, para la protección de la paz y de la vida de la familia venezolana.

Pero también es necesario expresar que por muy perfecta que pueda ser una norma o cualquier ley de la República, como una ley de desarme, si no se realiza toda una profunda y eficiente campaña de paz y de respeto a la vida. Efectuando una inmensa y organizada labor de prevención del delito y de atención al niño, al adolescente, a la familia, haciéndoles sentir que el Estado y la democracia están velando por su economía, por su salud, por su educación y cultura, por su desarrollo social, moral y hasta espiritual. El delito y la violencia no van a disminuir, sólo con dictar una ley. Tiene que volcarse el Estado con todos sus componentes y la sociedad entera, para que se cambie la conducta de violencia que se ha anidado en la mentalidad de los venezolanos.

Pues bien, se hace necesario desmontar el terrible mensaje de muerte emprendido por el chavismo y su filosofía destructiva. Se hace inaplazable instaurar una política de paz y de respeto a la vida, que debe ser tomada muy en serio por los próximos gobiernos democráticos de la nación, para que volvamos a ser una sociedad pacífica.

De manera que, haciendo la combinación perfecta entre una buena norma constitucional, y una política de amor a la vida, de pacificación y desarme en toda la República, en pocos años, todo ello, rendirá el fruto de ver a nuestros jóvenes envejecer, sin que se les trunque la vida con una bala; sin armas de fuego en sus manos como únicas y terribles razones para enfrentar la vida.

Queremos y deseamos ver a la juventud de Venezuela, con libros en las manos, con instrumentos musicales, escribiendo poseías, pintando paisajes expandiendo la cultura. Tomando el futuro de la Patria en sus manos confiadamente, para que nosotros, los que ya estamos entregando el testigo en la carrera de la vida, podamos descansar como los antiguos guerreros, satisfechos del fruto de nuestras batallas civiles, viendo una democracia llena de vida y de alegría

En este tiempo se debe pensar profundamente ¿cómo recuperar a los cientos de miles de jóvenes que son delincuentes, que están presos, que están exentos de posibilidades de estudio y superación personal. No son nuestros enemigos, son nuestros hijos, sobrinos, amigos, vecinos y compatriotas. Deben ser, sin duda alguna el futuro promisorio de la nación.   Pues bien, para ellos, debe crearse un programa político-social, en los que participe toda la República, mediante el cual, ellos se sientan amados y les sea atractivo dejar las armas y la violencia por los estudios y la superación. Que la democracia los acoja, que los enseñe a ser útiles. Que se desarrolle un mercado de trabajo productivo que los emplee y les pague bien, donde ellos se superen y sean satisfechas sus aspiraciones, esperanzas y planes de vida.

Emprender el camino de la paz y lograrlo, es tortuoso y muchas veces infructuoso, sobre todo después de décadas de violencia verbal oficial, bombardeo comunicacional de antivalores y empoderamiento de la delincuencia en todo el territorio nacional. Pero como decía mi maestro de cuarto grado de primaria, Francisco Frailes Montiel "no hay nada hecho por el hombre, que el hombre no pueda hacer". Si ha habido sociedades que han logrado pacificarse, los venezolanos, tambíen lo podremos hacer. Pero con toda la decisión, la buena gerencia y el amor hacia esta Patria y hacía la familia venezolana, que hasta estos momentos se encuentra sin nadie que la defienda de la ley del revolver y la bala. Perseguir, neutralizar y apresar a los traficantes de armas, a los negociantes de la muerte, a los carteles de la droga, a los grupos guerrilleros, que operan en los estados fronterizos de Venezuela, que controlan, entre ambos grupos delincuenciales, a la fuerza, a los productores, han comprado a fuerza de amenazas y dólares a grandes sectores de esos estados; a las profusas bandas de secuestradores que operan a su libre albedrío en gran parte del territorio, castigarlos, someterlos, derrotarlos y echarlos fuera de nuestra frontera, con todo la fuerza de una nación dispuesta a recobrar la paz, la sana convivencia y el progreso, hasta en el último rincón del país.

Es obligatorio para el Estado y la sociedad venezolana, en una próxima y segura democracia, lograr desmontar y enmudecer el mensaje irresponsable de odio, de guerra y de división al que los venezolanos nos hemos visto expuestos en los últimos años, emprendiendo una intensa e inteligente, campaña de reconciliación, paz y amor a la vida, a nivel nacional. Esto es urgente.

Verdaderamente estamos urgidos de ciudadanos que sean, no solo inteligentes para gobernar esta nación, sino que tengan sabiduría y mucho amor por este pueblo sediento de justicia y de paz y de vida.

JUICIO A LA FUERZA ARMADA NACIONAL.

Marie Ebner Eschenbach escritora austriaca del S. XIX nos dejó un pensamiento profundo: "Solamente puedes tener paz, si tú mismo te la proporcionas" (Citas y Proverbios.com)

Los conflictos armados que ha tenido Venezuela, fueron, la guerra de independencia que culminó en 1823, la guerra Federal, que duró aproximadamente 5 años y finalizó el 22 de mayo de 1863, con el Tratado de Coche y la guerra contra la guerrilla castro-comunista de los años 60 y 70. En estos enfrentamientos armados naturalmente, la nación ha tenido que usar su componente militar para defenderse. Fuera de estos conflictos, por lo menos en cuanto a guerras formales se refiere, la nación ha estado en paz, interna y externamente.

En tiempos de paz y de normalidad democrática la institucionalidad ha crecido y ha producido bienestar a la población de Venezuela. Los gobiernos civiles, con todos sus defectos han valorado y fortalecido la democracia, gozándose de libertad y logrando niveles de desarrollo sin sobresaltos.

Pero la democracia es un sistema político tan generoso, que permite que sus enemigos nazcan dentro de ella, sean protegidos, fortalecidos y luego atenten contra ella, exterminándola en muchos casos. Así sucede con el caso de algunos militares, en determinadas épocas de la historia, que han sido cobijados bajo el manto de la democracia, algunos oficiales, con mentalidad extrema prusiana, siempre creyendo ser los supervisores y la última reserva moral y ética de la nación, con regularidad, se levantan contra esta institucionalidad que los ha formado y se hacen del poder por la fuerza, interrumpiendo y trastocando el desarrollo de la nación y su paz.

"Los **Golpes de estado de Venezuela** se han producido casi desde la misma fundación de la República, a lo largo de la historia de Venezuela en diversas ocasiones se utilizó las insurrecciones, alzamientos o revoluciones militares o civiles para derrocar y colocar gobiernos, o para cambiar su forma y dirección, ya sea con la fuerza o la intimidación, e incluso tratando de usar métodos pseudo-legales, paulatinamente con la consolidación de un sistema democrático en el país, cada vez menos se recurrió a esta práctica" (Wikipedia: "Golpes de Estado en Venezuela")

El profesor Armando Camejo dice: "Después de la Independencia, los militares se convierten en una especie de régulos de sus regiones y no sólo controlan el aspecto político, sino que se convierten en los grandes propietarios de la tierra, de allí que los militares contribuyeron al aumento del latifundismo. Así, que la aristocracia militar venezolana, como los recursos de la fuerza, lejos de hacer las reformas que de la Independencia se esperaban, se une a la aristocracia civil para mantener vigentes muchos aspectos de la estructura socio-económica de la Colonia: esclavitud, latifundismo, régimen sencitario, etc." (Camejo Armando. Historia de Venezuela. Documental y Crítica, pág. 43).

La mayor, sino la única causa de interrupción del hilo democrático desde 1830, han sido los militares y su obsesión por el poder. Los oficiales castrenses que libraron la guerra de independencia, se creían con la patente de corso de gobernar Venezuela, por cuanto ellos y sus soldados fueron quienes regaron su sangre en los campos de batalla y nos libraron del poderío español. Bajo este testarudo punto de vista no permitían que ningún civil gobernara en paz ni con continuidad. Esta mala conducta, causó demasiado daño a la naciente República, pues ellos no están formados para gerenciar ni gobernar una nación, sólo para comandar tropas y hacer la guerra.

Desde 1835, cuando los oficiales, Pedro Carujo, Santiago Mariño y otros militares, le dieron el golpe de Estado al gobierno del Dr. José María Vargas, comenzó la desobediencia militar hacía el Estado de derecho en Venezuela. Vargas en su corta estadía en la presidencia, se mostró como un funcionario honesto, eficiente y respetuoso de la legalidad. De haber continuado en su cargo, le hubiera hecho mucho bien a la nación.

"Antonio Arraiz dice:

Desde un punto de vista de grosero pragmatismo, su breve paso por la Presidencia de la República pudo parecer un fracaso, en   realidad, es la más limpia lección de moralidad que haya dejado a los venezolanos gobernante alguno después de la Independencia" (Ob.   Cit. Pág. 52).

Lamentablemente, desde ese primer golpe, los militares quedaron con la inveterada costumbre de subvertir la institucionalidad por las armas. Hago un breve resumen:

En marzo de 1858, Julián Castro se sublevó contra José Tadeo Monagas, ambos generales. Había trascurrido apenas 23 años del último golpe militar.

En ese ínterin, desde 1830 a 1858, se sucedieron levantamientos e intentos de revoluciones, que fueron sofocados por los gobiernos militares, elegidos por los procedimientos civiles de la época, dominados por los generales y coroneles héroes de la independencia.

Cipriano Castro y Juan Vicente Gómez, en 1899, arrancaron del Táchira y llegan a Caracas, en lo que se conoce como la Revolución de los andinos, convertidos ambos compadres en generales en esa revolución, se apoderan por la fuerza de las armas, del gobierno.

A su vez, Gómez rápidamente sustituyó a Castro, dándole un golpe de Estado, y gobernó férreamente hasta 1935. Esta fue una época en la que la República se mantuvo en una especie de edad medioeval, gobernada por la mano de hierro enguantada del

Benemérito Juan Vicente Gómez.

Desde 1858 a 1899 habían transcurrido apenas, 41 años, en los que los militares estaban golpeando, otra vez, a la democracia venezolana. Durando la dictadura militar de Juan Vicente Gómez hasta 1935.

¿Qué derecho tenían los militares para no dejar que la sociedad venezolana se diera gobernantes eficientes y con mentes sabias? Ninguno, sólo la sinrazón de sus uniformes, de sus armas y sus tropas, para acabar con gobiernos que prometían un mejor desarrollo y la aplicación de la justicia y de la paz, como el del Dr. José María Vargas y otros civiles que no pudieron gobernar por la fiereza y obstruccionismo de los militares.

Luego del año 1935, gobernaron, los generales Eleazar López Contreras, que fue un gobierno de transición democrática; y el de Isaías Medina Angarita, que fue un gobierno muy democrático, admirablemente. Pero que lamentablemente fue derrocado por los militares el 18 de octubre de 1945.

Habían transcurrido 46 años desde el último golpe militar en 1899.

Luego fue elegido el gran hombre de la literatura venezolana Rómulo Gallegos, como Presidente de la República el 14 de diciembre de 1947, pero una vez más los uniformados no estaban contentos con que los civiles pacíficamente gobernaran nuestra nación.

"El Golpe de Estado de noviembre de 1948 fue una insurrección de militares y políticos en contra del presidente venezolano democráticamente electo Rómulo Gallegos que fue derrocado y obligado a exiliarse, en su lugar se instaló la Junta Militar presidida por Carlos Delgado Chalbaud" (Wikipedia: Golpe de Estado de 1948 en Venezuela")

"Escritor, educador, político y Presidente de la República (febrero-noviembre   1948), quizás con Rómulo Gallegos se frustró de nuevo la experiencia de tener al frente del país a un hombre de alta talla intelectual. En tal sentido, con Gallegos se puede decir que se repitió lo acontecido con el doctor José María Vargas..." (http://www.venezuelatuya.com/biografias/gallegos.htm)

Desde el último golpe de Estado de 1945 a 1948, tristemente sólo habían transcurrido tres (3) años. Y los militares seguían con las ansias inmensas de poder que habían heredado de sus antecesores que lucharon por la independencia nacional. Se instauró el general Marcos Pérez Jiménez como dictador, desde 1948 hasta su derrocamiento en 1958.

Luego de estos golpes, se sucedieron los alzamientos de 1962, del Carupanazo y el Porteñazo, contra el gobierno democrático de Rómulo Betancourt. Los cuales valientemente fueron reprimidos y vencidos.

Treinta años después, cuando se creía que la democracia venezolana era un régimen cimentado sobre bases sólidas, gobernada por el poder civil, irrumpieron contra nuestra institucionalidad, los tenientes coroneles Hugo Chávez, Joel Acosta Chirinos y Francisco Arias Cárdenas, quienes intentaron derrocar al gobierno del Presidente Carlos Andrés Pérez, mediante un golpe de Estado fallido.

Luego el golpe contra la democracia, lo siguieron dando lentamente, algunos medios de comunicación, sectores radicales de la izquierda venezolana, postrados al castro-comunismo cubano y algunos altos personajes políticos venezolanos. Entre todos estos factores, fueron defenestrando la democracia, mal poniéndola ante la sociedad venezolana, exaltando los antivalores democráticos, como el militarismo y el comunismo. Hasta una telenovela «Por estas Calles» producida por un canal que el gobierno del presidente Hugo Chávez cerró, transmitió las peores y más dolorosas opiniones de nuestra democracia ¿El resultado? La instalación de un gobierno militarista castro-comunista en Venezuela, abiertamente plegado a los hermanos Castro y al imperialismo comunista internacional.

En síntesis, los militares siguen con la tesis fundamental que como "casta" como "aristocracia y elite" tienen el privilegio y la suprema facultad de golpear el Estado de Derecho cada vez que se les ocurra, enarbolando las banderas de la Patria y del nacionalismo, con coros revolucionarios decadentes e ineficientes, produciendo involuciones institucionales, persecuciones políticas, retrocesos sociales y económicos y en general, suprimiendo la democracia y el progreso de la nación. Jamás los militares aprenderán a gobernar, porque simplemente no son formados para gerenciar, sino para recibir órdenes del poder civil y para defender la Patria de agresiones internas y externas.

El militar está formado y concebido para ver todo en términos de amigo o enemigo, paz o guerra, vencidos o vencedores, mandar u obedecer, respeto (el que ellos interpretan) a la Constitución, a la institución castrense y al uniforme verde oliva. Ellos mantienen la desconfianza a todo aquello que sea ciudadano y a la democracia civilista, la consideran inoperante e ineficiente y por ello la han golpeado reiterada e históricamente cada vez que han querido.

Definitivamente en una sociedad, no debe haber ni vencidos ni vencedores, todos debemos coadyuvar para que, en conjunto, seamos victoriosos y triunfadores. En una República moderna no puede subsistir el concepto del enemigo dentro de la frontera y casi nunca fuera de ella, pues para que ésta progrese debe gobernarse en paz, con el sentido de la amistad y la hermandad. Cuando se usa la excusa de ver enemigos de la patria entre los gobiernos civiles, es para atentar contra la institucionalidad democrática a través de las armas. Ha sido una inveterada conducta de los militares latinoamericanos en este grave proceder.

En síntesis, no hay nada más peligroso para nuestras democracias latinoamericanas, que una institución castrense, donde imperan castas de oficiales con falsas doctrinas hegemonistas, prusianas o fascistas, que como se ha visto en el breve análisis que se ha hecho en estas líneas, los golpes e intentonas militares en Venezuela, no pasan 50 años sin que sectores antidemocráticos militaristas, despreciando la libertad, irrumpan a la fuerza en el poder.

¿Para qué la República mantiene un cuerpo de hombres y mujeres uniformados que custodian las armas de la República, que insistentemente entre 20 a 50 años estén incurriendo en la ilegalidad de los golpes de Estado? ¿A cuánto alcanza el presupuesto nacional cada año para mantener a los componentes armados, edificaciones, oficiales, tropas, armas, instalaciones militares, aviones y naves de guerra, que luego se oxidan de no usarlos? ¿Vale el esfuerzo de la República que sigamos como nación, manteniendo una elite tan costosa, tan inútil y tan peligrosa para la democracia?

En 1948 Costa Rica suprimió a su ejército. Una magnifica y sabia decisión del pueblo costarricense, que le ha proporcionado la mayor estabilidad política y social de todos los países latinoamericanos. Esto lo llaman ellos, orgullosamente, **"El Espíritu del 48"**.

La abolición del ejército constituyó para esta inteligente nación uno de los acontecimientos más significativos de su historia, se quitaron el yugo militar, el continuo peligro del atentado con la institucionalidad y la libertad de su país.

Definitivamente la fuerza armada de una nación, tal y como se ha comportado la Fuerza Armada venezolana en el transcurso de su historia, es muy costosa, es demasiado peligrosa para la democracia y para libertad, y su transformación en una institución obediente, es una necesidad para que la institucionalidad, el progreso y la paz de nuestra nación estén para siempre salvaguardadas, sin los sobresaltos y asaltos del «golpe militar» que se sucede a cada intervalo de tiempo, para tomarse, ilegalmente y a la fuerza o por el engaño, lo que nunca por derecho propio les pertenecerá.

La verdadera sujeción a la obediencia democrática de las fuerzas armadas es una necesidad imperante e inaplazable, para que Venezuela vuelva a la senda del progreso y la libertad. Ganaríamos progreso y estabilidad para el futuro, como ha ganado Costa Rica, suprimiendo una fuerza enemiga de la democracia, eso sería lo ideal, pero si no lo seguimos ese ejemplo, entonces, es imperante que se imponga un nuevo pensamiento y una nueva ideología democrática en las fuerzas armadas, que sustituya el caudillismo militar y más aún execrar la ideología marxista de las escuelas militares, porque el comunismo es un veneno letal de la libertad, que se introduce disfrazado de nacionalismo democrático y se apodera del alma de los pueblos, empobreciéndolos y embruteciéndolos.

En todo caso, quizás es muy radical la proposición de «la eliminación absoluta» de la fuerza armada en nuestra nación, pero si considero muy necesario que la sociedad venezolana haga una profunda reflexión acerca del papel que esta institución debe ocupar en la democracia venidera. La opinión del autor de estas líneas, es que debemos fijar una posición muy firme como ciudadanos y ubicar a este componente en un lugar de respeto y mansedumbre hacia la institucionalidad democrática. La oficialidad y las tropas venezolanas deben impregnarse primero, como ciudadanos democráticos y no cómo soldados enemigos de la clase ciudadana, a la que hay que combatir, alimentando dentro de las filas castristas las falsas doctrinas «del soldado heroico, cara pintada que rescata a la nación»

Finalizo esta proposición con un pensamiento del pacifista Pere Ortega:

 "La eliminación de las Fuerzas Armadas forma parte de la utopía social a la que debemos aspirar" (Rebelión.org. LÓPEZ ARNAL, Salvador. 29/11/2008)

LA CIVILIDAD PARA LA RESTAURACIÓN DEMOCRÁTICA.

Los próximos gobiernos democráticos, deben dedicarse con valentía y decisión a reivindicar la civilidad, como elemento constructor y restaurador de la sociedad. Los ciudadanos somos quienes hacemos el progreso de los pueblos, quienes incentivamos la producción de ideas, bienestar, fuentes de empleos, industrias, comercio, educación, creación artísticas y científicas. Los ciudadanos somos quienes podemos gobernar las naciones sin excesos de nacionalismos que desembocan en dictaduras y radicalismos obscenos y obsoletos, que conducen a terribles involuciones en las sociedades.

La democracia debe enseñar el valor y el aporte de hombres ilustres como José María Vargas, Arturo Uslar Pietri, Jacinto Convit, Simón Díaz, Rómulo Betancourt, Rafael Caldera, Luís Beltrán Prieto Figueroa, Eugenio Mendoza, Diego Cisneros, Renny Ottolina, José Antonio Abreu, con su Sistema Nacional de Orquestas y otros que han contribuido en crear una sociedad democrática, culta, llena de alegría y de saberes. Democracia que hasta hace unas décadas fue pujante y llena de progreso, paz y esperanza y que hoy atraviesa una de sus más oscuras épocas.

El elemento militar en una sociedad gobernada por ciudadanos, debe dejar el primer plano que hasta hoy ha ocupado en nuestra historia, para dárselo a los hombres que verdaderamente han creado el progreso de nuestra nación.

Realcemos el esfuerzo de hombres creativos e inteligentes, que con sus ideas, perseverancia y esfuerzo lograron y logran aún hoy, construir progreso para la nación. La cultura militarista proveniente de la guerra de Independencia dónde el protagonista fue el militar guerrero que nunca se rindió hasta lograr nuestra independencia, debe dar paso a la cultura donde el ciudadano que produce inteligencia y sabiduría, levanta la economía, permite con su hacer creativo el progreso de la sociedad, es quien debe ser el protagonista de una nación para la paz.

Las fuerzas armadas son un mal necesario, porque es importante mantenerla para la defensa territorial, para lograr el orden interno en un momento determinado, resguardar las fronteras, pero no deben ser el centro de la historia de una nación, el soldado es un ser de mentalidad rígida que no está destinado por su educación para dirigir los destinos de un país, éste rol fundamental debe quedar en manos de hombres y mujeres que se dediquen a estudiar, a trabajar a esforzarse para lograr el éxito en sus emprendimientos, y definitivamente Venezuela es el mayor emprendimiento de todos los venezolanos.

Venezuela es y será una tierra de ciudadanos libres, inteligentes y realizadores de progreso, prosperidad y abundancia, y a ello no vamos a renunciar.

LEVANTAR LA INTELIGENCIA Y EL AUTOESTIMA DE LA JUVENTUD.

Hay una historia de una civilización en una lejana galaxia que estaba a punto de perecer porque su sol se estaba desviando de la órbita de su planeta, que cada vez se hacía más frío y la oscuridad estaba invadiendo todo. Un anciano propuso: ¡Cantémosle una canción cada mañana al sol, ¡dónde le expresemos cuanto lo amamos y cuanto añoramos sus rayos de luz para que nos den vida, yo tocaría la flauta dulce, pero necesito, más ancianos como yo que toquen conmigo la flauta y voces que sean potentes y les lleguen a sus oídos en el espacio! Un joven con voz de tenor le dijo al anciano: ¡Yo te acompaño viejo y juntos, tú tocando la flauta y yo cantando le diremos a nuestro amado sol, que venga otra vez a la orbita de nuestro planeta y nos caliente de nuevo! Y así lo hicieron, todos los ancianos de aquel planeta tocaron la flauta dulce y los jóvenes con sus portentosas voces le cantaron a aquella estrella brillante, hasta que ésta, se sintió amada otra vez y se acercó a ellos para volverlos a calentar. Así salvaron su planeta todos juntos.

Nos necesitamos todos para salvar a Venezuela, los ancianos con su sabiduría y su paciencia para guiar, la juventud con su fuerza y su sagacidad para lograr las metas trazadas, como esta historia, los jóvenes cantaron a la música que tocaban los ancianos y le hicieron saber a su sol que ellos lo amaban, haciéndolo orbitar otra vez cerca de su planeta. Nuestra juventud ha sido la más afectada en éstos veintiún años, de gobierno populista chavista-madurista, la nación ha perdido inteligencia y sabiduría, pues por millones se han ido nuestros más prometedores profesionales y jóvenes en formación, a otras naciones, huyendo de la incapacidad de un régimen que ha empobrecido y destruido nuestra nación.

El sol de la inteligencia, de la sabiduría y de la esperanza en el futuro se ha alejado de la orbita de nuestra nación, es imprescindible que juntos levantemos nuestra fe y hagamos un esfuerzo para que esa luz de paz, de prosperidad y de grandeza histórica vuelvan a Venezuela.

La niñez y la juventud venezolana quieren que se les tome en cuenta, ellos son el futuro y la fuerza de la nación para que volvamos a tener caminos rectos hacía la prosperidad y el desarrollo y para que el sol de la libertad vuelva a brillar en Venezuela. Pues bien, levantemos la autoestima y la inteligencia de nuestros niños, jóvenes y de todos los venezolanos. Propongo que en el currículo de educación venezolano se creen cátedras dirigidas a estimular la inteligencia, los talentos y la autoestima de los estudiantes, dónde se les enseñe a ser creativos y aprendan a planificar sus vidas a partir del descubrimiento de sus mejores habilidades y fortalezas intelectuales, emocionales y físicas y a desarrollar con éxito el potencial de ser creadores de riqueza individual y social. En esas nuevas cátedras se les impartiría los conocimientos para que sean exitosos emprendedores, creadores y realizadores de negocios, arte y literatura, que se nos haga saber y entender que cada uno de nosotros, somos una grata esperanza para la República y como los jóvenes y los ancianos de la historia que encabeza este capítulo, ellos tuvieron fe y creyeron que podían salvar a su mundo, así cada uno de los venezolanos, con sus talentos, habilidades e inteligencia podemos rescatar y restaurar a nuestra nación; y, si se aplicara un currículo así en cada una de las naciones latinoamericanas, el nivel de inteligencia y desarrollo que alcanzaríamos en una decenas de años sería grandioso. Con cátedras de inteligencia y desarrollo de los talentos, nuestros estudiantes aprenderían el secreto de los hombres exitosos, para logra crear riqueza y prosperidad y así toda nuestra hermosa nación logrará nuevamente ser exitosa, libre y democrática.

Desarrollar la plena inteligencia y las grandes aptitudes de la juventud venezolana en cátedras especialmente creadas para estos grandes fines. Con esto le haremos un inmenso bien a nuestra juventud y a toda la nación venezolana, porque no habrá más jóvenes divagando en la construcción de sus futuros, sino que ellos desde la misma educación inicial serán enseñados a ser hombres y mujeres exitosos, para sí y para la sociedad.

BIBLIOGRAFÍA.

Aporrea.com -Pancho López.

BERNE, Eric, ¿Qué dice Usted después de decir hola? La Psicología del destino humano. Grijalbo, Cuarta Ed. 1977. Barcelona

BETANCOURT, Rómulo, La Revolución Democrática en Venezuela. Documentos del Gobierno presidido por Rómulo Betancourt. 1959-1964. Tomo II. Caracas 1968.

Biblioteca USLAR PIETRI, Medio Milenio de Venezuela. Los Libros de El Nacional.

CAMEJO, Armando. Historia de Venezuela. Documental y Crítica

GIL FORTOUL, José. Historia Constitucional de Venezuela. La Colonia, La Independencia, La Gran Colombia. Quinta Edición. Tomo Primero. Ed. Sales. Caracas-Venezuela. 1964.

 GOERLITZ, Walter "El Estado Mayor Alemán". Compañía Editorial Continental, S.A. México, D.F.

Google: ROBERTO BRICEÑO LEÓN. 10 años de Violencia en Venezuela" Laboratorio de Ciencias Sociales (LACSO) Observatorio Venezolano de Violencia (OVV).

Guia.com.ve. 10/12/2011. Tema Petróleo. Tomado de Google:

HTTP//ES.WIKIPEDIA.ORG/WIKI/VENEZUELA.
Wikipedia "Golpes de Estado en Venezuela"

HTTP://WWW.VENEZUELATUYA.Com/biografias/gallegos.htm

HELMUND, Tello, Cumbres de Gloria, Caracas-Venezuela, Tomo V. Impreso en Argentina. 1958

KLISKBERG, Bernardo Más ética más desarrollo. 3ra ed. 2004. Temas Grupo Editorial, S.R.L, 2004.

LA BIBLIA, Versión Reina-Valera. Sociedades Bíblicas en América Latina. Revisión 1960

SALAZAR, Cenia y otros, Historia de Venezuela, Tomo I. Serie Azul, 2da.Ed. FEDUPEL. Caracas, 2000

Venezuelatuya.Com/bibliografías/Gallegos.htm

WWW.elnacional.com

ÍNDICE

Restauremos la República.
Aceptemos la riqueza como una bendición
Recuperar la Fe perdida
Hacedores de milagros y grandezas
III
Deber ser del político y del ciudadano.
Deber ser de los medios de comunicación.
Planificar para el desarrollo y el progreso.
IV
Una nación conservacionista por amor
Descontaminación ambiental.
Curar la sed de la nación

V
Creación de riqueza e impulso a la economía
Hacía la ciudad inteligente

VI
Un nuevo sistema carcelario
Cárceles agrícolas y pecuarias
Ley para otorgarles la propiedad a los poseedores
de más de 20 años de posesión.
VII
Un nuevo régimen constitucional.
Transformación del Poder Electoral
Un sistema confiable de votación.
VIII
Desarme público.
Juicio a la Fuerza Armada Nacional.
La civilidad para restaurar la nación
Levantar la inteligencia y la autoestima de la   juventud.

Bibliografía

ABOUT THE AUTHOR

Edgar Angulo Albornoz

Abogado, graduado en la Universidad de Los Andes, 1986. Padre de Familia y hombre de profunda fe, profesor del Instituto Universitario de Tecnología "Alberto Adriani".
Firme creyente que la democracia volverá, porque el pueblo venezolano tiene impresa la palabra "Libertad" en su ADN espiritual.

www.ingramcontent.com/pod-product-compliance
Lightning Source LLC
Chambersburg PA
CBHW070131260726
48658CB00001B/355